Greenpeace

ECON Sachbuch

Zum Buch

Wenn die *Rainbow Warrior II* sich auf große Fahrt begibt, dann schaut die ganze Welt gebannt zu. Denn die gewaltlosen Aktionen von Greenpeace sind immer spektakulär, und die Regenbogenkrieger gelten als Helden unserer Zeit, deren Anliegen uns alle angeht. Mit waghalsigen Einsätzen und perfekt inszenierten Medienkampagnen setzen sie sich gegen die Zerstörung der Umwelt zur Wehr, gegen Atomtests, internationale Mülltransporte, das Abschlachten von Walen und Robben und die zunehmende Verschmutzung unserer Meere. Durch ihren Einsatz gegen die Versenkung der Ölplattform Brent Spar zwangen sie einen Weltkonzern in die Knie, und auf dem Mururoa-Atoll brüskierten sie zum wiederholten Male eine Nuklearmacht.

Längst ist dabei aus dem Kampf David gegen Goliath ein Duell der Giganten geworden. Denn seit der Gründung vor einem Vierteljahrhundert hat sich Greenpeace zur weltweit größten und reichsten Umweltorganisation gemausert, die mit jährlich 200 Millionen D-Mark Spendengeldern operieren kann, davon allein 70 Millionen aus Deutschland. Auch kritische Stimmen werden immer wieder laut, die Greenpeace »Showeffekte« und autoritäre Strukturen vorwerfen. Christian Altmann und Marc Fritzler erzählen in ihrem spannenden Buch die Geschichte des 1971 gegründeten Öko-Multis, erinnern an aufsehenerregende Aktionen, an gefährliche und sogar tödliche Eskalationen, an bittere Rückschläge und große Siege. Sie stellen die innere Struktur und die Entscheidungswege der Organisation dar und wagen einen Ausblick auf die Rolle, die Greenpeace zukünftig in der und für die Welt spielen wird.

Die Autoren

Christian Altmann, geb. 1965, war von 1986 bis 1988 Umweltbeauftragter seiner Kompanie in Rotenburg/Bremen. Danach studierte er Politische Wissenschaften, Slawistik und Recht an den Universitäten München und Wolgograd. Er ist Autor des Buches »Brennpunkt Kaukasus – Wohin steuert Rußland?« sowie der Studie »Verkehr in Europa«.

Marc Fritzler, geb. 1968, arbeitet als freier Journalist mit den Schwerpunkten Umweltpolitik und internationale Politik in München. Er ist Chefredakteur der Zeitschrift »Unternehmen und Umwelt« und hat bereits mehrere Sachbücher zu ökologischen und zeitgeschichtlichen Themen geschrieben.

Christian Altmann / Marc Fritzler

Greenpeace

Ist die Welt noch zu retten?

ECON Taschenbuch Verlag

Dieses Buch ist gedruckt auf 100% Recyclingpapier.

Originalausgabe

Umschlaggestaltung: Molesch/Niedertubbesing, Bielefeld
Titelabbildung: dpa
Lektorat: Christine Proske
Konzeption und Realisation: Christine Proske (Ariadne Buchproduktion)
Herstellung: H + G Lidl, München
Graphiken: Design-Studio Fleischer, München
Satz: Satz & Repro Grieb, München
Druck und Bindearbeiten: Ebner Ulm
Printed in Germany
ISBN 3-612-26127-4

Inhalt

I. Helden unserer Zeit

Ihre Aktionen sind spektakulär. Ihre Aktivisten gelten als Helden unserer Zeit. Ihr Anliegen geht uns alle an. Die Regenbogenkrieger von Greenpeace, der größten Umweltorganisation der Welt, kämpfen gegen die Zerstörung der Umwelt durch Atomtests, internationale Mülltransporte, sinnlose Wal- und Robbenjagden oder die zunehmende Verschmutzung unserer Meere.

Und das mit großem Erfolg. Sie zwingen nicht nur immer häufiger die Industrie-Multis in die Knie, sondern stürzen allenthalben auch Staatsregierungen in tiefe Krisen.

Und dabei verstehen sie es wie niemand sonst, eine Mehrheit in der Bevölkerung für ihre Anliegen zu mobilisieren. Die umstrittene Ölplattform Brent Spar – als Synonym für ihren bisher aufsehenerregendsten Triumph – wäre ohne den Boykott von Shell-Tankstellen durch die deutsche Bevölkerung mit Sicherheit in der Nordsee versunken.

Das Geheimnis ihres Erfolges liegt in perfekt organisierten Medienkampagnen, die ihre Gegner nicht selten dazu zwingen, Krieg gegen Greenpeace zu führen. Die Sprengung des Greenpeace-Schiffes *Rainbow Warrior* durch den französischen Geheimdienst 1985, bei der ein Greenpeace-Fotograf ums Leben kam, bildete den erschütternden Höhepunkt dieser Eskalationen.

Greenpeace aber gibt nicht auf. Zehn Jahre später macht sich die Besatzung der *Rainbow Warrior II* auf den Weg, unter Einsatz ihres Lebens gegen französische Atomtests im Südpazifik vorzugehen. Diese Entwicklung ist umso erstaunlicher, wenn man sich die bescheidenen Anfänge der Organisation

Gewaltlose Greenpeace-Aktionen seit 1971
(Auswahl)

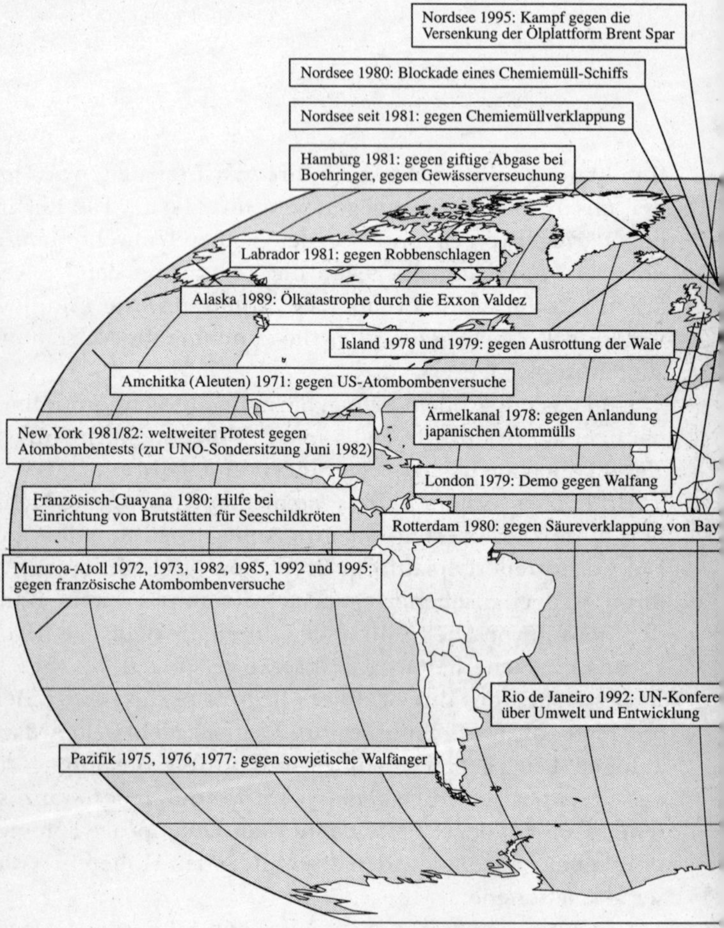

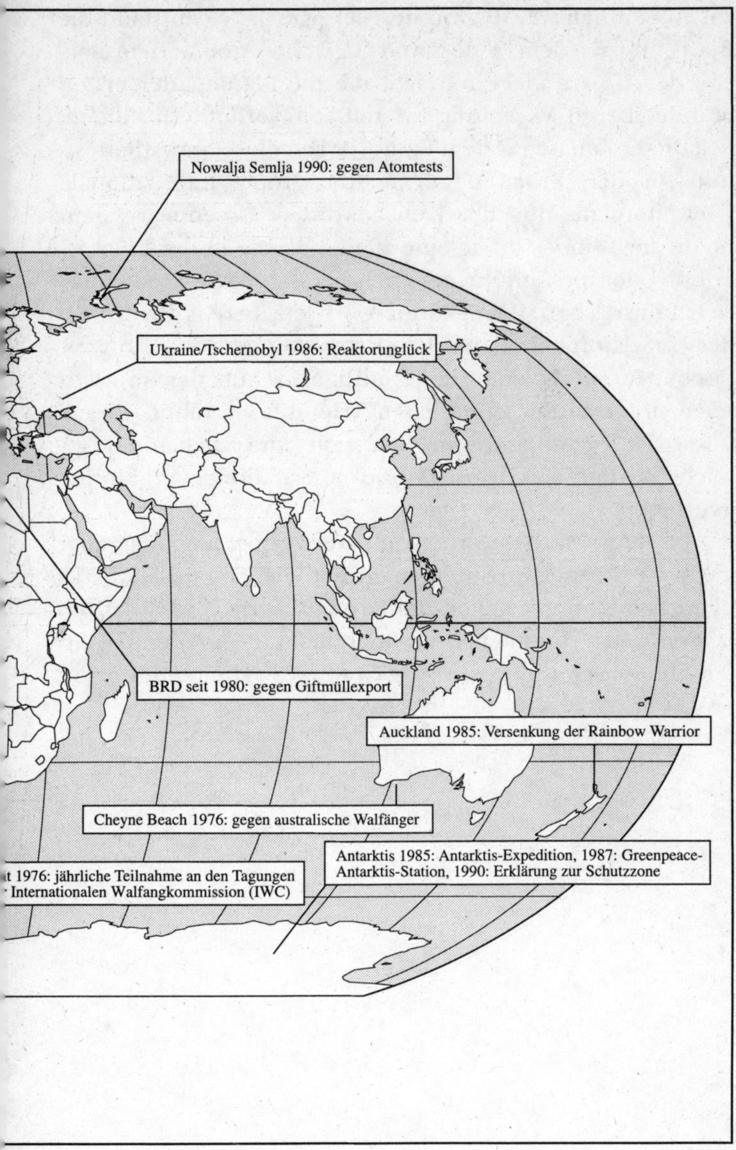

Nowalja Semlja 1990: gegen Atomtests
Ukraine/Tschernobyl 1986: Reaktorunglück
BRD seit 1980: gegen Giftmüllexport
Auckland 1985: Versenkung der Rainbow Warrior
Cheyne Beach 1976: gegen australische Walfänger
Antarktis 1985: Antarktis-Expedition, 1987: Greenpeace-Antarktis-Station, 1990: Erklärung zur Schutzzone
t 1976: jährliche Teilnahme an den Tagungen
Internationalen Walfangkommission (IWC)

vor Augen hält: Zu Beginn der siebziger Jahre entstand die Bewegung aus dem Widerstand gegen die Atomwaffenversuche der USA und Frankreich, die die Männer der ersten Stunde ebenso wagemutig wie tollkühn verhindern wollten. Seit dieser Zeit ist aus dem Kampf gegen die Atomwaffentests und für den Erhalt der Wale die größte internationale Umweltorganisation der Welt geworden. Greenpeace steht heute auch für Ziele wie eine zügige Wende in der Energiepolitik oder die Einführung einer Ökosteuer für eine saubere Landwirtschaft. Dabei können sich jetzt bereits die Erfolge der Umweltorganisation sehen lassen: Mit dem Stopp oberirdischer Atomtests oder dem künftigen Schutz der Antarktis seien nur zwei der zahlreichen Triumphe erwähnt. Greenpeace ist organisatorisch, finanziell und thematisch gewachsen und hat national und international an Einfluß gewonnen.

Mit dem Machtgewinn von Greenpeace wachsen aber auch die kritischen Stimmen gegen die Organisation. Ist nicht der Kämpfer gegen die Großindustrie in den letzten Jahren selbst zu einem Umweltschutzmulti geworden? Dürfen Umweltschutzgruppen wie Greenpeace geltendes Recht brechen?

II. Hippies, Quäker und Indianer – Der Gründungsmythos von Greenpeace

Mehr als jede andere Umweltorganisation ist Greenpeace zum Synonym für den heldenhaften und idealistischen Kampf gegen den ökologisch-atomaren Holocaust geworden. Mit ungewöhnlichen und waghalsigen Aktionen lenken die Männer und Frauen von Greenpeace die Aufmerksamkeit der Weltöffentlichkeit auf die dramatisch fortschreitende Zerstörung der Umwelt: unter Einsatz ihres Lebens begeben sie sich in akute Gefahrenzonen, um Atomtests zu verhindern, Umweltzerstörungen aufzuhalten, Wale und Robben zu schützen oder den Bestand des Regenwaldes zu erhalten. Das Auge von Greenpeace scheint inzwischen über fast alle ökologischen Gefahrenherde und Krisengebiete dieser Erde zu wachen.

Dabei sind die Regenbogenkämpfer im Laufe ihrer 25jährigen Tätigkeit gegen ausgesprochen mächtige Gegner angetreten: gegen internationale Industriekonzerne, einflußreiche Lobbies, gigantische Walfangflotten und atomare Großmächte. Doch der unerbittlichste Feind der Umweltorganisation bleibt die Zeit. In einer Welt, in der jedes Jahr Tausende von Tier- und Pflanzenarten aussterben, erscheint jeder noch so spektakuläre Erfolg nur wie ein Tropfen auf dem heißen Stein.

Daß die Menschen von Greenpeace angesichts dieser Übermacht nicht verzweifeln oder resignieren, ist bemerkenswert und macht einen bedeutenden Teil der Anziehungskraft dieser Organisation aus. Aus welchen Quellen schöpfen die Mitglieder ihre Kraft, ihren Mut und ihren Glauben, um weiterhin in diesen ungleichen Kampf zu ziehen? Warum haben sie es sich zur Aufgabe gemacht, gerade die Wale vor der Ausrottung zu retten? Welche Bedeutung besitzt ihr Logo, der Regenbogen? Was sind die Ziele und Ideale, die Greenpeace zur international anerkannten Autorität in Sachen Ökologie gemacht haben?

1. Love, peace and happiness

Ähnlich wie die Anfänge der Ökologie- und Hippiebewegung wurzeln auch die Ursprünge von Greenpeace in den sechziger Jahren der USA und Kanadas. Es ist eine Zeit des gesellschaftlichen Umbruchs. Der Vietnamkrieg, der atomare Rüstungswettlauf und die Zunahme ökologischer Probleme rufen vor allem bei der jungen Generation vehemente Proteste gegen Staat und Wirtschaft hervor. Da Fortschritt und Wohlstand längst als selbstverständlich gelten, werden die bis dahin unbeachteten Schattenseiten der technologischen Entwicklung besonders deutlich gesehen.

Die Jugend empfindet das »System« als lebensfeindlich, kalt und unmenschlich. In dieser »entzauberten Welt« des Geldes und der Verschwendung träumen sie von einer Rückkehr zu einem Leben in Einklang mit der Natur. Aus diesen Gefühlen entspringt eine jugendliche Protestbewegung, die die erste Greenpeace-Generation entscheidend prägen soll.

Um sich der Einziehung zum Kriegsdienst in Vietnam zu entziehen, flüchten damals viele junge Amerikaner nach Kanada. Beliebtes Ziel ist Vancouver – die Geburtsstadt von Greenpeace.

Die »Szene« der amerikanischen Exilanten engagiert sich in der Emigration weiterhin für Frieden und Umweltschutz. Sie gründen dort diverse Aktions- und Arbeitsgruppen. Es herrscht eine optimistische Stimmung voller Enthusiasmus und übersprudelnder Kreativität sowie der Glaube, gemeinsam wirklich »etwas bewegen« zu können.

Die Jugendlichen rebellieren gegen die kleinkarierten Wertvorstellungen ihrer Eltern. Nach der Engstirnigkeit und verklemmten Prüderie der fünfziger Jahre brechen sich die sexuelle Befreiung und eine unbändige Neugier auf alles Neue und Fremdartige Bahn. Besondere Anziehungskraft üben exotische Religionen und esoterische Strömungen auf die Blumenkinder aus. Die Palette reicht von den verschiedensten psychologischen Therapien und freier Liebe über Zen-Buddhismus und Taoismus bis zur Wiederentdeckung indianischer Naturreligionen. Unter dem Motto »love, peace and happiness« glauben die Hippies, den Garten Eden wieder errichten zu können.

All diese unterschiedlichen Strömungen fließen in der Gründungsphase von Greenpeace zusammen und beeinflussen die Organisation nachhaltig.

2. Bearing witness: Die Ideologie der Quäker

Auf der Suche nach neuen spirituellen Wurzeln besinnen sich einige der an der Protestbewegung gegen Atomtests beteiligten Amerikaner auf die Philosophie der Quäker. Elemente dieses Glaubens begleiten in abgewandelter Form die Aktionen von Greenpeace bis heute.

Die Quäker sind eine christliche Religionsgemeinschaft, die im England des 17. Jahrhunderts entstand. Ihr Name, Quäker (englisch: Zitterer), geht darauf zurück, daß sie bei ihren Versammlungen offenbar von so heftiger religiöser Erregung ergriffen wurden, daß sie stark zitterten. Dieser ursprüngliche Spottname wurde erst später zur Selbstbezeichnung. Offiziell nennen sie sich jedoch »Religiöse Gemeinschaft der Freunde«.

Gemäß einer Vision des Gründers George Fox trägt jeder Mensch den »göttlichen Samen« beziehungsweise das »innere Licht« in sich und ist deshalb fähig, direkt an der göttlichen Offenbarung teilzuhaben. Er kann die Macht der Sünde brechen und sich neue, höhere Ziele setzen.

Die Quäker lehnen folglich kirchliche Sakramente und Ämter, religiöse Dogmatik und hierarchische Organisation ab. Da die mystische Erfahrung des inneren Lichts allen Menschen gleich innewohnt, treten sie aus tiefster Überzeugung für Gleichheit, Toleranz und Gewaltfreiheit ein. Greenpeace hat die Forderung nach Gewaltfreiheit als einen der zentralen Grundsätze in seine Satzung aufgenommen. Es wird ausdrücklich betont, daß die Umweltorganisation ihre Zwecke »durch gewaltfreie Aktionen« verfolgt und sich ihre Mitglieder dazu bekennen müssen. Doch damals wie heute stößt eine derartige Grundhaltung nicht immer auf Zuspruch. Aufgrund ihrer egalitären Ideen, der Ablehnung der anglikanischen Kirche und der Verweigerung des Kriegsdienstes waren die Quäker in England zunehmender Verfolgung ausgesetzt und wanderten schließlich in die USA aus. 1681 gründete William Penn dort den Quäkerstaat Pennsylvania. Die Quäker spielten eine entscheidende Rolle im Kampf um die Religionsfreiheit und die Abschaffung der Sklaverei sowie bei der Gefängnisreform. 1947 erhielten sie den Friedensnobelpreis für ihre Hilfsaktionen, mit denen sie die Notleidenden der beiden Weltkriege unterstützten. Das deutsche Zentrum der Quäker liegt in Bad Pyrmont.

Neben der pazifistischen und spirituellen Grundhaltung der Quäker fühlen sich die Gründer von Greenpeace vor allem von dem sogenannten »Bearing witness«-Prinzip inspiriert. Gemäß dieses Grundsatzes ist jeder Mensch, der persönlich einen Mißstand oder ein Vergehen beobachtet, verpflichtet, darüber Zeugnis abzulegen und öffentlich zu protestieren. Tut er dies nicht, so macht er sich mitschuldig. Greenpeace nimmt diese Haltung auf und überträgt sie auf die Natur. Für die Umweltschützer verfügt nicht allein der Mensch über den göttlichen Samen, sondern auch jede Pflanze und jedes Tier.

Diese Grundhaltung des »Bearing witness« verfolgt Greenpeace in aller Konsequenz: Überall auf der Welt begeben sich die Mitglieder zu den Orten der Umweltzerstörung. Sie dokumentieren die Vergehen gegen die Natur auf Fotos und Filmen, informieren die Öffentlichkeit und machen so jeden einzelnen zum Zeugen, der dem Prinzip folgend wiederum Zeugnis ablegen sollte. Unter Einsatz ihres Lebens versuchen sie, die Werke der Zerstörung zu blockieren, zu verzögern und mit Hilfe der Öffentlichkeit langfristig vielleicht sogar zu verhindern. Zwangsläufig gewinnt dieses Verhalten im modernen Medienzeitalter eine andere Dimension als noch vor 50 Jahren. Die anklagenden Bilder gehen um die ganze Welt und niemand kann sich ihnen mehr entziehen. Dies ist allerdings auch nicht ganz ungefährlich. Ein zu Unrecht Beschuldigter kann gegen die Verurteilung in Form einer Medienkampagne oft nichts mehr ausrichten.

Begleitet wird diese Strategie meist durch Formen des passiven symbolischen Widerstands, der sich als erstaunlich effektives Mittel in dem ungleichen Kampf erweist.

Besonders wichtig für die Arbeit von Greenpeace ist schließlich der feste Glaube der Quäker, daß es dem Menschen grundsätzlich möglich ist, sich und die Welt zu verändern. Das Gefühl der Hilflosigkeit und des Ausgeliefertseins wird durch dieses Vorgehen umgepolt und auch heute noch in vielen Greenpeace-Aktionen zum Vorteil des Schwächeren genutzt. Die Umweltorganisation sichert sich durch diese Strategie die Unterstützung der Öffentlichkeit. Denn in einem Kampf von David gegen Goliath stehen die meisten Menschen intuitiv auf der Seite des Schwächeren. Genährt wird diese Sympathie dadurch, daß Greenpeace es vortrefflich versteht, sich dabei stets das Image des »Guten« im Kampf gegen das »Böse« zu geben. Allerdings birgt dieses Vorgehen auch neue Gefahren in sich. Oft sind bei globalen Themen wie der Umweltverschmutzung Gut und Böse eben nicht eindeutig zu trennen.

In der Philosophie der Regenbogenkämpfer finden sich auch über das »Zeugnisablegen« hinaus weitere Parallelen zum Denken der Quäker. So fordern letztere z.B. eine einfache Lebensweise ohne Luxus und Verschwendung. Eine Haltung, die in unserer Konsum- und Wegwerfgesellschaft bereits einiges an Umweltverschmutzung verhindern könnte. Dieses Bemühen um Einfachheit beziehen die Quäker auch auf ihre Sprache. Unter dem Motto »Keep it simple!« soll der Quäker sich einfach, klar und vor allem ehrlich ausdrücken. Diese Einfachheit der Sprache erkennt man auch in vielen Greenpeace-Slogans. Neben der gründlichen und differenzierten Recherche ökologischer Zusammenhänge versucht Greenpeace immer, die wesentlichen Inhalte einer umweltfreundlichen Lebensweise in knappe, leicht verständliche Leitsätze zu fassen. Auch die Bezeichnung Greenpeace selbst ist kurz und prägnant. Im Sinne der Quäker verdeutlicht sie den friedlichen Kampf für den Erhalt der Natur. Der Name bringt die Vision der Organisation auf den Punkt. Anschaulich verbindet er die beiden Grundanliegen: den Kampf für eine gesunde Umwelt und ein friedliches Zusammenleben der Menschen. Er ist leicht zu behalten und nicht zuletzt deshalb in aller Munde.

3. Prophezeiungen der Cree-Indianer

Die zweite emotionale und spirituelle Tradition bilden neben dem pazifistischen Glauben der Quäker die Weisheiten der ersten Einwohner Amerikas – der Indianer. Dies ist eine auf den ersten Blick etwas ungewöhnliche Kombination aus spirituellen Versatzstücken einer urchristlichen Sekte und der Mythologie eines »Naturvolkes«. Bei näherer Betrachtung ergeben sich allerdings viele Gemeinsamkeiten.

Auf der Suche nach Sinn und Transzendenz bediente sich die Hippiebewegung der unterschiedlichsten Elemente verschiedener Kulturen. In ihrer Rückbesinnung auf Spiritualität, Mystik und Einheit mit der Natur stießen die Blumenkinder ganz unweigerlich auf die Mythologie der Ureinwohner ihrer Heimat. Schließlich hatten die Indianer schon sehr früh auf die unausweichlichen Folgen des Raubbaus an der Natur hingewiesen. Eine dieser Vorhersagen liegt in dem mahnenden Satz, den inzwischen fast die ganze Welt mit dem Anliegen von Greenpeace verbindet. Wir kennen ihn von unzähligen Spruchbändern, Plakaten und Aufklebern: »Erst wenn der letzte Baum gerodet, der letzte Fluß vergiftet, der letzte Fisch gefangen, werdet ihr feststellen, daß man Geld nicht essen kann.«

Ein ähnliches Urverständnis der Natur dokumentiert auch der Brief des Indianer-Häuptlings Seattle an den amerikanischen Präsidenten Franklin Pierce aus dem Jahre 1854:

»Alle Dinge teilen denselben Atem – das Tier, der Baum, der Mensch – sie alle teilen denselben Atem (...). Wir wissen, daß der weiße Mann unsere Art nicht versteht. Ein Teil der Erde ist ihm gleich jedem anderen (...). Denn er ist ein Fremder, der kommt in der Nacht und nimmt von der Erde, was immer er braucht. Die Erde ist sein Bruder nicht, sondern sein Feind, und wenn er sie erobert hat, schreitet er weiter. Er läßt die Gräber seiner Väter zurück – und kümmert sich nicht. Seiner Väter Gräber und seiner Kinder Geburtsrecht sind vergessen. Er behandelt seine Mutter, die Erde und seinen Vater, den Himmel, wie Dinge zum Kaufen und Plündern, zum Verkaufen wie Schafe oder glänzende Perlen. Sein Hunger wird die Erde verschlingen und nichts zurücklassen als die Wüste (...). Auch die Weißen werden vergehen, eher vielleicht, als alle anderen Stämme. Fahret fort, euer Bett zu verseuchen, und eines Tages werdet ihr im eigenen Abfall ersticken.«

Diese Vorstellung der Indianer von der Einheit zwischen Mensch und Natur widerspricht dem Weltbild der modernen westlichen Kultur, in dem die Erde weitgehend als frei verfügbare Ressource angesehen wird. Aber nicht nur von der Natur fühlt sich der heutige Mensch losgelöst – auch von seinen Mitmenschen. In den Großstädten leiden die Menschen zunehmend an Vereinsamung und Gefühlskälte. Die Gesellschaft entwickelt sich immer mehr zu einer Ansammlung selbstbezogener Egoisten, die jede Verantwortung für andere ablehnen. »Man lebt nur einmal!« oder »Nach uns die Sintflut!« sind die kurzsichtigen Slogans des Industriezeitalters an der Wende zu einem neuen Jahrtausend. Diese Absolutsetzung des eigenen Selbst und der egoistischen Bedürfnisse existierte in der gemeinschaftlich orientierten und naturverbundenen Kultur der Indianer nicht. Seattle spricht deshalb auch von den »Gräbern unserer Väter«, die wir vernachlässigen. Indem wir diesen Planeten zerstören und verseuchen, mißachten wir seiner Meinung nach das Erbe unserer Ahnen.

Aber damit nicht genug. Aus Sicht der Indianer vergessen wir in unserer Selbstbezogenheit auch das »Geburtsrecht unserer Kinder«. Natürlich hindert uns niemand daran, die Schätze der Natur skrupellos auszubeuten, doch wie können wir es verantworten, unseren Kindern eine wüste und geplünderte Welt zu hinterlassen. Selbst der hemmungsloseste Hedonist bekommt Skrupel, wenn er sich bewußt macht, daß die Befriedigung seiner blinden Konsumlust damit bezahlt wird, daß künftige Generationen ihr Dasein in einer nicht mehr lebenswerten Welt fristen müssen.

Greenpeace machte sich dieses ganzheitliche Weltbild der Ureinwohner Amerikas zu eigen. Das besondere Anliegen der Organisation besteht deshalb darin, durch ihre Aktionen darauf hinzuweisen, daß wir durch die Umweltzerstörung genau an dem Ast sägen, auf dem wir alle sitzen, und daß wir die Erde mit ihren Ressourcen nur von unseren Kindern geliehen haben. Es ist deshalb kein Zufall, daß in den Anfangszeiten von Greenpeace das Buch »Warriors of the Rainbow. Strange and Prophetic Dreams of the Indian Peoples« von William Willoya und Vison Brown in Hippiekreisen gerade als sehr populär galt. In diesem Buch findet sich folgende Weissagung der Cree-Indianer, die die Greenpeace-Gründer dazu inspirierte, den Regenbogen zu ihrem Symbol zu machen und sich als dessen Kämpfer zu bezeichnen:

»Es kommt eine Zeit, da fallen die Vögel von den Bäumen, die Flüsse sind vergiftet und die Wölfe sterben in den Wäldern. Dann aber werden die Kämpfer des Regenbogens erscheinen, um die Welt zu retten.«

Als 1976 das erste Greenpeace-Schiff in Vancouver ausläuft, um Wale zu beschützen, ernennt der Cree-Medizinmann Fred Mosquito die Mannschaft feierlich zu Regenbogenkämpfern.

Der Regenbogen ist ein archetypisches Bild der Hoffnung. Schon im Alten Testament wird er als Zeichen für den Bund Gottes mit den Menschen verstanden. Er steht sozusagen für die sanfte, aber allumfassende Macht der Natur zur Regeneration. Auf das Gewitter folgt der Regenbogen als Vorbote der Sonne.

Unterstützt wird dieses Image von Greenpeace als Armee des Guten durch die Tatsache, daß die Organisation über eine richtige (Kriegs-)Flotte verfügt. Im Sinne des Mythos läßt sich Greenpeace als eine Seemacht der guten Hoffnung verstehen. Die enge Verbundenheit der Gründungsmitglieder zu den Indianern zeigt sich auch darin, daß sich einige der Aktivisten konsequent für die Rechte der Indianer einsetzen. So nimmt z. B. Paul Watson 1973 an einem Indianeraufstand in Wounded Knee in South Dakota teil, als die Sioux-Indianer ihr Land von den USA zurückfordern. Watson wird daraufhin unter dem Namen »Grey Wolf Clear Water« adoptiert. Ganz ähnlich ist auch der spätere Greenpeace-Aktivist und Walschützer Walrus Oakenbough ein adoptierter »Krieger-Bruder« des Ogalala-Stammes.

Auch bei der ersten Protestfahrt eines Greenpeace-Schiffes gegen amerikanische Atomtests auf den Aleuten treffen die Aktivisten auf eine Gruppe Kwakiutl-Indianer: Die freundschaftliche Begegnung mündet in einer Zeremonie, während der die Besatzung der *Phyllis Cormack* zu Ehrenstammesbrüdern ernannt wird. Mit dem Stamm der Kwakiutls teilt Greenpeace besonders die Verehrung für die Wale. Von diesen seefahrenden Ureinwohnern erhalten sie auch das Emblem des Lebenskreises, das aus zwei Walen besteht. In seinem Eintreten für die Natur trifft Greenpeace auch auf die Hopi- und Navajo-Indianer. Diese Stämme leiden unter den Spätfolgen der amerikanischen Atomtests in der Wüste von New Mexico. Sie arbeiteten damals, meist ungeschützt, in Uranbergwerken und fordern nun Entschädigungen von der US-Regierung. Der Kampf der Greenpeacer gegen die nuklearen Tests und den Uranabbau verbindet sie mit den betroffenen Indianern.

Die Elemente des Greenpeace-Gründungsmythos besitzen eine starke emotionale und symbolische Kraft. In einer weithin entzauberten Welt steht Greenpeace stellvertetend für den heldenhaften Kampf, für Unschuld und Reinheit. Anders als Politiker können seine Mitglieder der Öffentlichkeit vermitteln, daß ihren Worten auch stets Taten folgen. Greenpeace wirkt durch die schnelle und symbolhafte Tat und setzt neue Impulse für die Lösung von Umweltproblemen. Viele Kritiker weisen allerdings darauf hin, daß dieser Strategie mehr und mehr Grenzen gesetzt seien. So lassen sich vielschichtige Zusammenhänge eben nicht mehr durch einfache Aktionen auf den Punkt bringen, ohne wichtige Zusammenhänge zu vernachlässigen oder zu verzerren.

Das Bewußtsein mit den guten Mächten des Universums im Bunde zu sein, hat sich im Laufe der Geschichte von Greenpeace oft als eine Art »self-fulfilling prophecy« erwiesen. Das heißt, durch die feste Überzeugung für eine gute Sache zu kämpfen, wendet sich in oft aussichtslos erscheinenden Situationen plötzlich doch noch alles zum Guten. Viele Greenpeace-Aktionen könnten sozusagen als schlagender

Beweis dafür angeführt werden, daß positives Denken tatsächlich funktioniert. So gibt es immer wieder Aktionen und Ereignisse, die man im biblischen Sinne als »Wunder« bezeichen könnte: Wale schwimmen auf der Flucht direkt auf ihre Beschützer zu, es melden sich zur rechten Zeit genau die verzweifelt benötigten Experten bei Greenpeace, eine Kampagne gelingt in letzter Minute, weil eine unerwartete Spende eintrifft usw. Der Gründungsmythos verdichtet sich mit dem Heldenmut und den erstaunlichen Erfolgen zu dem besonderen und faszinierenden Geist, der Greenpeace von ähnlichen Organisationen unterscheidet.

4. Erste Aktionen

Amchitka

Doch zurück nach Vancouver im Frühling des Jahres 1971. Die amerikanische Atomenergiekommission (AEC) hat gerade bekannt gegeben, daß sie die Fünf-Megatonnen-Bombe »Cannikin« unter der Alaska vorgelagerten Insel Amchitka zu Testzwecken entzünden wird. Gegen Atomtests in diesem Gebiet gibt es bereits seit 1969 Proteste von Seiten der kanadischen Bevölkerung. Amchitka liegt in einem der aktivsten Erdbebengebiete der Erde. 1964 hatte bereits ein starkes Beben schwere Schäden in Alaska verursacht und mehrere starke Flutwellen (Tsunamis) ausgelöst, die noch die Küsten von Japan, Hawaii, Oregon und Kalifornien in Mitleidenschaft zogen. Man befürchtete, die Detonation einer Atombombe müsse unweigerlich zu Erdbeben und Springfluten führen. Vor allem in Kanada kommt es zu Protestkundgebungen an den Grenzübergängen zu den USA. Den Slogan dieser Demonstrationen »Don't make a wave!« (englisch: »Macht keine Flutwelle!«) nimmt eine Aktionsgruppe in Vancouver auf und gründet das sogenannte »Don't make a wave-commitee«. Die USA zünden die Ein-Megatonnen-Atombombe »Milrow« 1969 trotz aller Proteste. Sie löst zwar seismographische Stoßwellen aber kein Erdbeben und keine Flutwelle aus. Also beruhigen sich die Gemüter wieder. Doch als die USA daraufhin den Test der Cannikin-Bombe ankündigen, ist den Mitgliedern des »Don't make a wave-commitee« klar, daß sie aktiv werden müssen. Schließlich besitzt diese Bombe die Zerstörungkraft von 385 Hiroshima-Bomben und stellt damit die stärkste, je unter der Erde entzündete, atomare Sprengladung dar.

Eine Frau namens Marie Bohlen erinnert das Komitee an die Aktion einer Gruppe von Quäkern: Sie wollten 1958 mit einem Schiff in die Nähe des Bikini-Atolls fahren, um gegen oberirdische Tests von Wasserstoffbomben zu protestieren. Das Projekt scheiterte, weil die Behörden die amerikanische Crew bereits in Hawaii verhafteten. Die US-Regierung könnte jedoch kanadische Bürger in internationalen Gewässern nicht verhaften lassen, da dies als Akt der Piraterie gelten würde. Damit ist der Plan zur Verhinderung der Cannikin-Bombe geboren. Man will mit einem Schiff zu den Aleuten-Inseln fahren und so die USA an der Sprengung hindern.

Doch zunächst brauchte das Kind einen Namen. »Don't make a wave« schien zu langatmig, schwerverständlich und wenig einprägsam. Die Wortprägung »Greenpeace« wird meist dem jungen kanadischen Sozialarbeiter Bill Darnell zugeschrieben. Mit dem locker dahingesagten Satz »Make it a green peace!« schuf er einen Slogan, der die Sorge um die Natur mit dem Kampf gegen Atomwaffen zu einem neuen visionären Schlagwort verband. Ein prägnanteres Logo hätte keine noch so findige Werbeagentur kreieren können! Hätte Darnell damals den durchschlagenden Erfolg seiner Wortschöpfung geahnt, so hätte er sich sicherlich das Copyright an dieser Faszinationsvokabel gesichert!

Danach laufen die Vorbereitungen auf Hochtouren. Als nicht ganz einfach erweist sich die Suche nach einem geeigneten Boot. Welcher Verleiher will sein Schiff schon auf eine derartig waghalsige Tour schicken? Schließlich findet man den etwas altersschwachen Fischkutter *Phyllis Cormack*. Sein Kapitän, John Cormack, ist hochverschuldet und deshalb bereit, in die Atomtestzone zu segeln.

Greenpeace finanziert die Reise durch Spenden: Die Hippie-Barden James Taylor und Joni Mitchell veranstalten ein Benefizkonzert, das 17.000 Dollar einbringt. Die Quäkergemeinde Palo Alto Society of Friends stiftet 6.000 Dollar. Der Rest kommt von Sympathisanten oder befreundeten Umweltorganisationen.

Schließlich, am 15. September 1971, verläßt das Greenpeace-Schiff Vancouver in Richtung Norden. An Bord befinden sich zwölf junge Kanadier. Um den Kontakt zu Medien und Öffentlichkeit nicht zu verlieren, will man in ständigem Funkkontakt mit der Küste bleiben. Mehrere Journalisten und ein Kameramann an Bord haben die Aufgabe, die Reise des Schiffes für die Öffentlichkeit zu dokumentieren.

Der Journalist Bob Hunter hat das bereits erwähnte Buch »Warriors of the Rainbow« mit auf die Reise genommen. Nachdem er es gelesen hat, gibt er es den andern Besatzungsmitgliedern weiter. Es ist leicht nachzuempfinden, daß die Prophezeiung von den Regenbogenkriegern eine ermutigende Wirkung auf die Crew ausübt. Die Greenpeacer, die bei heftigen Herbststürmen in einer Nußschale gegen die Atommacht USA ankämpfen, haben ermutigenden Zuspruch bitter nötig. Als sich schließlich während der Fahrt durch die atemberaubende Küstenlandschaft Alaskas mehrmals Regenbögen über den Himmel spannen, fühlen sich die Umweltschützer in ihrer Mission bestätigt.

Im Golf von Alaska empfängt die Mannschaft eine schwerwiegende Radiomeldung: Auf Befehl von Präsident Richard Nixon wird der Atombombenversuch voraussichtlich bis November verschoben. Der Grund für diese Verzögerung ist der erste Staatsbesuch des japanischen Kaisers Hirohito seit dem Ende des Zweiten Weltkriegs in Alaska. In Anbetracht der amerikanischen Atombombadierung von Hiroshima und Nagasaki wäre ein Atombombentest zur gleichen Zeit und in der Nähe des Treffpunkts einer Beleidigung des Staatsgastes und einer Verhöhnung der Toten gleichgekommen.

Das Greenpeace-Schiff kann diese Zeit aber nicht auf See ausharren. Die Mannschaft benötigt durch diese Verzögerung Nachschub an Treibstoff und Lebensmitteln. Die *Phyllis Cormack* muß einen Hafen anlaufen. Leider kommt die kanadische Crew dabei nicht umhin, in amerikanische Hoheitsgewässer zu segeln. Sie laufen die Insel Akutan an. Als sie den Hafen wieder verlassen wollen, werden sie auch prompt von der *Confidence*, einem Schiff der US-Küstenwache, aufgehalten. Laut des Kapitäns der *Confidence* haben die Regenbogenkämpfer gegen ein Abkommen von 1932 verstoßen, wonach sich jeder Kanadier, der in Alaska an Land geht, bei den Zollbehörden melden muß. Wenn Greenpeace für dieses Vergehen nicht 5.000 Dollar Strafe bezahlen kann, muß sein Schiff beschlagnahmt werden. Bürokratische Schikanen drohen, die gesamte Mission zu Fall zu bringen. In dieser unglücklichen Situation kommt es erstaunlicherweise zu einer Solidaritätsbekundung von seiten der Matrosen des benachbarten Schiffes *Confidence.* Sie versichern in einem handgeschriebenen Zettel, den einer der Matrosen der Crew überreicht, ihre Solidarität mit dem Vorhaben der Greenpeace-Mannschaft und wünschen ihnen Glück. Per Funk gibt Greenpeace dieses mutige Bekenntnis weiter und sorgt so für viel Medienrummel. Die mutigen Matrosen müssen für ihre mangelnde Loyalität gegenüber ihrem Land je 100 Dollar Strafe zahlen und werden obendrein degradiert. Doch da man keine Ersatzmänner für ihre Posten in Alaska zur Verfügung hat, machen die USA die Degradierung schließlich wieder rückgängig. Die Geldstrafe bezahlt die Vereinigung »Alaskas Mütter gegen Cannikin«. Diese Episode zeigt sehr schön, daß Greenpeace schon damals auf unerwartete Solidarität und Sympathie von seiten der Öffentlichkeit trifft. Zum ersten

Mal gelingt es den Umweltschützern hier, die Bevölkerung für den Protest zu mobilisieren.

Nachdem Greenpeace seine Strafe auf 1.000 Dollar herunterhandeln konnte, darf die Crew der *Phyllis Cormack* wieder in See stechen. Doch damit sind längst nicht alle Probleme gelöst: Es ist noch kein neuer Termin für die Sprengung bekannt, und die Herbststürme werden heftiger. Starke Schneefälle machen die Aktion unmöglich, und schweren Herzens beschließt die Besatzung, daß es wohl das Vernünftigste ist, heimzukehren. Doch trotz ihres Mißerfolges wird das Boot der Friedenskämpfer überall entlang der Küste Alaskas begeistert empfangen. Transparente mit der Aufschrift »Thank you Greenpeace« begrüßen die jungen Helden, die Menschen jubeln ihnen zu und auf der Insel Kodiak wartet sogar eine Einladung vom Bürgermeister. Kurz vor Vancouver erfahren sie, daß Präsident Nixon nun endlich den neuen Termin für den Atomtest bekannt gegeben hat: den 4. November. Die Friedenskämpfer sind frustriert. Sie fühlen sich hin und her gerissen zwischen der Zustimmung vieler Menschen und den Schwierigkeiten, die eine erneute Reise unmöglich machen. Ohne ihr Schiff neu auszurüsten, können sie nicht umkehren, da der altersschwache Kahn diese Fahrt wohl nicht mehr schaffen würde. Darüber hinaus ist es mehr als fraglich, ob sie Amchitka überhaupt noch rechtzeitig erreichen könnten.

Doch die in Vancouver zurückgebliebenen Greenpeacer sind während der Abwesenheit ihrer »Fronteinheit« nicht untätig geblieben: Es war ihnen gelungen, Hank Johanson zu überreden, ihnen sein Schiff, die *Edgewater Fortune,* zur Verfügung zu stellen. Johanson hatte diesen ehemaligen Minenräumer bisher als Freizeitdampfer genutzt. Das Schiff wird kurzerhand in *Greenpeace II* umgetauft und nimmt nun den Wettlauf mit der Zeit auf. Die Umweltschützer müssen versuchen, 2.400 Seemeilen in nur einer Woche zurückzulegen. Sie schaffen es bis auf 700 Meilen an Amchitka heranzukommen, als die USA die Bombe zünden lassen. Das ist jedoch zu weit, um die enorme Detonation noch zu spüren. Doch am Ort der Sprengung reißt sie einen Krater von 800 Meter Durchmesser in den Meeresboden, und es werden Erdstöße von 7,2 der Richter-Skala gemessen. Später findet man an den Stränden Tausende von toten Vögeln und Seetieren, die in der Detonation umgekommen sind.

Obwohl Greenpeace den Test der Cannikin-Bombe nicht verhindern konnte, trägt doch die öffentliche Aufmerksamkeit, die ihre Aktion auslöste, langfristig dazu bei, daß die US-Regierung die Tests auf den Aleuten einstellt. Und so teilt die Atomenergiekommission Ende 1972 mit, daß sie in diesem Gebiet »aus politischen und anderen Gründen« in Zukunft keine Tests mehr durchführen wird. Heute ist Amchitka ein Vogelschutzgebiet.

5. Mururoa- Atoll

Nach ihrem Teilsieg gegen die Atommacht USA wendet sich Greenpeace einem neuen mächtigen Gegner zu. Man ist empört über die Dreistigkeit mit der Frankreich, fernab vom Mutterland, in Französisch-Polynesien oberirdische Atombombentests durchführt. Das Mururoa-Atoll, in der Landessprache der Einheimischen eigentliche Moruroa, zeigt sich bereits durchlöchert wie ein Schweizerkäse. Skrupellos verseuchten die Franzosen Natur und Bevölkerung und das in einer Zeit, in der alle anderen Atomnationen bereits auf oberirdische Sprengungen verzichten.

Um gegen diese Rücksichtslosigkeit zu demonstrieren, beschließt Greenpeace, ein Schiff zum Mururoa-Atoll zu schicken. Da es nicht sinnvoll ist von Vancouver aus bis in den Südpazifik zu segeln, inseriert die Organisation in neuseeländischen Zeitungen. Auf diese Anzeige stößt ein Mann namens David McTaggart, der das Schicksal von Greenpeace

Der Vater von Greenpeace: David McTaggart.

von da an bestimmen soll. Der 39jährige ehemalige Baulöwe ist ein wohlhabender Aussteiger, der nun mit seiner Yacht, die den Namen *Vega* trägt, die Weltmeere unsicher macht. Das Vorhaben von Greenpeace reizt ihn nicht zuletzt, weil auch ihn die Unverfrohrenheit ärgert, mit der Frankreich in internationalen Gewässern seine Atomherrlichkeit demonstriert. Unzulässigerweise hatte Frankreich nämlich sein Hoheitsgebiet einfach auf eine Zweihundert-Meilen-Sperrzone ausgedehnt.

Vancouver ist die Heimatstadt McTaggarts. Angespornt von seiner jungen Freundin Ann-Marie Horne, setzt er sich mit Ben Metcalfe, dem Vorsitzenden der gerade gegründeten Greenpeace Foundation in Verbindung, um sich und sein Schiff für die risikoreiche Aktion zur Verfügung zu stellen.

Die Proteste von Seiten der Fidschi-Inseln, Peru, Australien und Neuseeland beeindrucken Frankreich wenig, das für den Juni 1972 eine Testserie ankündigt. Um die Regierungen in Wellington und Lima milde zu stimmen, stellt die europäische Atommacht Peru Entwicklungshilfegelder von 60 Millionen Dollar in Aussicht und vergibt einen Kredit von zwölf Millionen an Neuseeland. Als das Vorhaben von Greenpeace publik wird, fühlen sich die neuseeländischen Behörden deshalb verpflichtet, die Aktion zu behindern. So durchsuchen Polizisten die *Vega*, man überprüft das Schiff auf seine Hochseetauglichkeit und McTaggart wird einmal sogar kurzzeitig verhaftet.

Trotz aller Schikanen gelingt es der *Vega* im Mai, von dem neuseeländischen Hafen Auckland aus in See zu stechen. Neben McTaggart befinden sich folgende Personen an Bord des Zweimasters: ein 26jähriger, segelerfahrener Brite namens Nigel Ingram, der Australier Grant Davidson, Roger Haddleton und Ben Metcalfe. Das wichtigste Hilfsmittel in ihrem Kampf gegen die französischen Atombombenversuche ist ein juristisches Gutachten der Universität Auckland. In diesem Dokument wird nachgewiesen, daß der 360 Kilometer weite Radius, den Frankreich um sein Testgebiet als Sperrzone beansprucht, gegen internationales Seerecht verstößt. Legitimerweise kann Frankreich lediglich die allgemein anerkannte Zwölf-Meilen-Zone beanspruchen, das entspräche rund 20 Kilometern. Demnach hat das Greenpeace-Schiff also das Recht, in diese illegal errichtete Sperrzone einzudringen. Die *Vega* segelt unter kanadischer Flagge. Sollte Frankreich das Boot in diesen internationalen Gewässern trotzdem aufbringen, stellte dies einen kriegerischen Akt dar. Doch zunächst kommt es zu Unstimmigkeiten in den eigenen Reihen. Der Bordälteste und Greenpeace-Vorstand,

Atompilz nach einer Testexplosion.

Ben Metcalfe, gerät mit McTaggart in Konflikt, als er dem Kapitän in sein Handwerk pfuschen will. Darüber hinaus erkrankt Roger Haddleton an Tropenfieber. Man läuft den

Hafen der Insel Rarotonga an und läßt die beiden dort zurück. Die nächsten 2.000 Seemeilen bis zum Mururoa-Atoll segelt die Crew zu dritt weiter.

In der Nacht des 1. Juli 1972 erreicht die *Vega* schließlich das von Frankreich festgelegte Sperrgebiet. Die Mannschaft plant, sich immer auf der windabgewandten Seite der Insel zu bewegen, da dort bei einer Zündung der Bombe der radioaktive Fallout am stärksten wäre. Die Besatzung hofft, daß Frankreich dieses Risiko nicht eingeht und lieber auf die Sprengung verzichtet, als Menschen zu gefährden. So kreuzt die *Vega* zwei Wochen vor dem »strahlenden« Atoll – ein Nervenkrieg für beide Seiten.

Die Franzosen kostet die Verzögerung der Sprengung täglich Hunderttausende von Francs. Sie beobachten das Schiff der waghalsigen Friedenskämpfer von mehreren Kriegsschiffen aus und stören deren Funkverbindungen. Dadurch sieht sich die Greenpeace-Mannschaft jeglichen Kontakts zur Außenwelt beraubt und den Franzosen hilflos ausgeliefert. Außerdem haben sie mit schwerem Seegang zu kämpfen, der ihnen das Gefühl vermittelt, die *Vega* sei »zu einem Surfbrett zusammengeschrumpft« (McTaggart). Entnervt befiehlt der französische Admiral Claverie am 16. Juni, den gelben Fesselballon steigen zu lassen. Die Greenpeacer wissen, daß unter diesem Ballon üblicherweise die zur Zündung bereite Bombe hängt. Doch sie wissen nicht, ob die Franzosen es ernst meinen oder bluffen. Die Besatzung ist vor Angst wie gelähmt, bleibt aber zu allem entschlossen. Mutig beschließt sie trotz allem die Flucht nach vorne und segelt direkt auf den Ballon des Grauens zu.

Drei Tage lang leben die Greenpeacer im Angesicht der Bombe, als plötzlich mehrere Kriegsschiffe auftauchen. Die *De Grass*, der Kreuzer des Admirals Claverie kommt der *Vega* bedrohlich nahe, zieht aber wieder ab. Danach nehmen zwei kleinere Kriegsschiffe die Yacht in die Zange. Fast sieht es so aus, als würde das Holzboot von den beiden Stahlkolossen zermahlt, doch für dieses Mal bleibt es bei der aggressiven Drohgebärde.

Eine Woche später zünden die Franzosen, ohne daß es die Greenpeacer bemerken, die für die Versuchsanordnung notwendige Initialbombe und gehen nun endgültig zum Angriff über. Ein Kriegsschiff rammt die *Vega* und schlägt ein Leck. Die Yacht wird von den Franzosen nach Mururoa geschleppt. Die Greenpeace-Crew verlangt, Kontakt mit der Außenwelt aufnehmen zu dürfen, da die Franzosen im Rundfunk die Falschmeldung verbreitet hatten, die *Vega* sei längst nicht mehr im Testgebiet. Bei einem Abendessen treffen die Greenpeacer auf Admiral Claviere, der ihnen diese Bitte ausschlägt, ihnen jedoch die Reparatur ihres Schiffes anbietet. Zähneknirschend muß die Mannschaft diese erniedrigende Offerte annehmen und segelt schließlich deprimiert nach Rarotonga zurück. Unterwegs erfährt sie per Funk, daß die Franzosen behaupten, die *Vega* hätte den Zusammenstoß selbst verursacht, man hätte das Schiff großzügigerweise repariert und der Mannschaft sogar ein exquisites Mahl mit dem Admiral spendiert. Die Besatzung fühlt sich als Verlierer. McTaggart hat kaum Aussichten, seine Ansprüche auf Schadenersatz gegen Frankreich geltend machen zu können. Er kommt in Geldnöte. Auch von der Greenpeace Foundation erhält er keine Hilfe. Die Organisation ist in kleine Grüppchen zerfallen und steckt in einer Krise.

Aus dieser Demütigung ziehen McTaggart und Ingram trotzdem genügend Kampfgeist und Wut, die sie antreiben, ein zweites Mal gegen Frankreichs Atomwahn anzusegeln. Mit dem Vorschuß, den McTaggart für das Manuskript des Reiseberichts der ersten *Vega*-Fahrt erhält, läßt er das Schiff in Stand setzen und segelt im Sommer 1973 wieder gen Mururoa. Dieses Mal will Frankreich eine Wasserstoffbombe zünden. Begleitet werden McTaggert und Ingram von ihren Freundinnen Ann-Marie Horne und Mary Lornie. Neben der *Vega* laufen noch einige andere Protestschiffe aus.

Von einem französischen Minensucher aus schickt die Atommacht sieben Männer in einem Schlauchboot los, die die *Vega* entern. Alles, was die Greenpeacer noch tun können, ist SOS zu funken. Das »Überfallkommando« prügelt sofort auf McTaggart ein. Er wird so schwer verletzt, daß er zu erblinden droht. Die Franzosen fliegen ihn ins Krankenhaus nach Tahiti. Immerhin gelingt es Mary Lornie, den brutalen Überfall zu dokumentieren. Die französischen Soldaten werfen zwar alle Kameras über Bord, Lornie schafft es jedoch, die entscheidende Filmrolle in ihrer Vagina versteckt herauszuschmuggeln. Erwartungsgemäß schlägt die Veröffentlichung dieser schockierenden Fotos hohe Wellen. Selbst der kanadische Premier Pierre Trudeau, der sich bisher sehr bedeckt gehalten hatte, protestiert gegen die Mißhandlung eines seiner Staatsbürger. Drei Monate später gibt Frankreich bekannt, daß es in Zukunft auf oberirdische Atomtests verzichten wird. Für McTaggart ist der Kampf dadurch jedoch noch nicht zu Ende. Er will Gerechtigkeit und fordert von Frankreich Schadenersatz. In seinem Rechtsstreit steht er aber meist allein. Greenpeace stellt sich nicht hinter seine Forderungen. Aus Geldnot muß er schweren Herzens die *Vega* verkaufen. Die französischen Gerichte bestätigen seine Klage auf Piraterie von seiten Frankreichs nicht und behaupten, daß es sich um einen Ausnahmefall gehandelt habe. Da McTaggart die weiteren Gerichtskosten nicht mehr tragen kann, verzichtet er auf ein Berufungsverfahren.

Er tröstet sich damit, daß er immerhin zur Beendigung der oberirdischen Atomtests durch Frankreich beigetragen hat.

6. Wale als ökologischer Mythos

Greenpeace selbst befindet sich zu dieser Zeit in einer Krise. Den Kampf gegen Frankreichs Atombomben hat McTaggart zuletzt im Alleingang bestritten. 1974 gelingt es den Greenpeace-Vorsitzenden Bob Hunter und Rod Marining nur noch eine Handvoll Gleichgesinnter zu sporadischen Treffen zu versammeln. Man braucht offensichtlich eine neue Vision, ein neues Ziel für die gemeinsame Arbeit. Einige Besatzungsmitglieder der Amchitka-Mission erinnern sich an die verlassenen Walfangstationen, die sie damals an der Küste Alaskas gesehen hatten und setzen sich dafür ein, den Schutz der Wale zum neuen Greenpeace-Schwerpunkt zu machen. Die Anti-Atom-Fraktion protestiert jedoch heftig gegen diesen Plan. Soll man die Wale vor dem Aussterben retten, nur damit sie in den Genuß kommen können, den nächsten Atompilz mitzuerleben?

Aufgrund dieser Auseinandersetzungen tritt Hunter als Vorstand zurück und schlägt sich auf die Seite der mystisch angehauchten Walschützer um den Verhaltensforscher Paul Spong. Doch dem neuen Vorsitzenden Hamish Bruce gelingt es, beide Parteien wieder zu versöhnen. Auch er ist mystischen Tendenzen nicht abgeneigt und organisiert ein »Wal-Happening«, bei dem sich einige hundert Hippies am Strand versammeln, um den Walen telepathisch ihren Schutz zu versprechen. Greenpeace ist in dieser Zeit offensichtlich ein Sammelbecken für die unterschiedlichsten esoterischen Strömungen. So wird z. B. von einem Schamanen berichtet, der Greenpeace zur Finanzierung der ersten Walkampagne ein Stück Land vermachte.

Trotz allem handelt es sich hier doch um eine sehr amerikanische Weltanschauung. Auch wenn es zunächst Pläne gibt, die Routen der Walfänger durch das chinesische Orakelbuch »I Ging« zu orten, verläßt man sich in der Durchführung doch auf einen Routenplan, den Paul Spong einem Wissenschaftler abluchsen kann. Bob Hunter bringt diese pragmatische Ausformung von Mystik auf die Formel, daß bei Greenpeace auf jeden Mystiker ein Mechaniker kommt.

Dennoch kann man in der Zeit vor der ersten Walkampagne manchmal an Wunder glauben: So stellt John Cormack von sich aus wieder seine *Phyllis* zur Verfügung, und auch der neue Besitzer der *Vega* überläßt das Schiff erneut den Walschützern.

Greenpeace knüpft das Überleben der Wale sinnbildlich an das Überleben der Menschheit. Damit soll die Eingebundenheit des Menschen in die Natur verdeutlicht werden. Daß man dazu ausgerechnet die Wale gewählt hat, leuchtet unmittelbar ein. Sie sind Säugetiere und praktizieren ein ausgeprägtes Sozialverhalten. Sie werden von allen seefahrenden Naturvölkern als heilig verehrt. Die meisten Walarten leben überaus friedfertig und gelten somit als Symbol der Unschuld und Reinheit.

Kennzeichnend für diese frühen Jahre von Greenpeace bleibt der spontane und chaotische Charakter der Organisation, der stark von mystischen Vorstellungen beeinflußt war. Aus diesen wirren Anfängen hat sich Greenpeace inzwischen zu einer weltweiten und überaus professionellen Organisation entwickelt. Dessenungeachtet schöpfen sie immer noch aus den Energien und Legenden dieser magischen ersten Jahre.

III. Der Aufstieg zum internationalen Umweltschutzkonzern

1. 1972 bis 1979: Eine Idee nimmt Gestalt an oder die Dominanz der Bombe

Ein Blick in das erste Jahrzehnt von Greenpeace läßt erahnen, was für eine ungeheure Entwicklung die Organisation bis in die neunziger Jahre hinein genommen hat. Heute die größte Umweltorganisation der Welt mit einem beträchtlichen finanziellen und gesellschaftlichen Rückhalt begann sich die Bewegung vor 25 Jahren recht bescheiden zu organisieren. Der wachsende Widerstand gegen die Kernwaffenversuche der USA am Ende der sechziger Jahre gab den Anstoß zur Bildung von Greenpeace. Ein Zentrum des internationalen Protestes lag im kanadischen Vancouver. Das war kein Zufall, da die Bewegung zum Kampf gegen Atomwaffentests in Kanada insgesamt eine breite Basis hatte, dort sogar mehr Zustimmung fand als in den USA selbst. Aus dem in Vancouver gegründeten Komitee »Don't make a wave!« entwickelte sich dann auch die erste organisierte und medienträchtige Protestaktion gegen die Testversuche der USA vor Alaska. Die Vorbereitungen des Komitees zu den Protestaktionen im Sommer 1971 gelten als die Geburtsstunde von Greenpeace. Bewundernswert an der ersten Greenpeace-Aktion bleibt die Unerschrokkenheit der Aktivisten, die weder den organisatorischen Rückhalt noch die Medienpräsenz späterer Aktionen hinter sich wußten. Unter Einsatz ihres Lebens machten sich die ersten Greenpeace-Aktivisten in die Regionen der Testgebiete auf, um gegen die Detonationen zu protestieren, sie vielleicht sogar ganz zu verhindern. Organisatorisch in den ersten Jahren kaum entwickelt, setzten auch die finanziellen Mittel den Umweltschützern enge Grenzen. Langfristig gesehen, zeigten die Anstrengungen der Umweltschützer unerwartet positive Wirkungen. Nicht nur, daß die Aktion die Geburtsstunde der Umweltorganisation und ihrer einzigartigen Erfolge im Kampf gegen Umweltzerstörungen darstellte. Durch das mutige Vordringen von Greenpeace sah sich die USA sogar gezwungen, die Kernwaffentests vor Alaska völlig einzustellen. Dieser erste grandiose Erfolg der Umweltschützer konnte allerdings nur ein kleiner Schritt hin zu einem völligen Testverzicht der Atommächte sein, der im übrigen bis heute nicht durchgesetzt wurde. Ein Blick zurück auf die Geschichte der Atombombenzündungen zeigt, wie zäh und langwierig internationale Kompromisse auf diesem schwierigen Gebiet zu erreichen sind.

Seit der ersten Atombombenzündung der USA auf dem Testgelände in der Wüste von Los Alamos hielten die Vereinigten Staaten konsequent an der Durchführung von Kernwaffenversuchen fest. Auch die verheerenden Bilder der Atombombenabwürfe über Hiroshima und Nagasaki im August 1945 änderten nichts an den Atomwaffenplänen der Großmacht. Ganz im Gegenteil: Noch am Tag des Bombenabwurfes über Hiroshima sah US-Präsident Harry S. Truman in der Bombe das Symbol des grenzenlosen menschlichen Potentials und bezeichnete sie als »die größte Leistung organisierter Wissenschaft in der Geschichte.« Allerdings wuchs unter dem Eindruck der zunehmenden Kernwaffentests seit 1945 der Widerstand gegen die Umweltschäden dieser Detonationen auch in den USA stetig an. Allen voran warnten renommierte Atomwissenschaftler wie Robert Oppenheimer, Enrico Fermi oder auch Albert Einstein eindringlich vor den Gefahren der modernen Kernwaffen. Der Nobelpreisträger Otto Hahn, der als erster ein Uran-Atom unter Laborbedingungen gespalten hatte, litt sein ganzes Leben unter den Bildern von Hiroshima.

Trotzdem planten die USA für die nächsten Jahrzehnte verschiedene Reihen von Atomtests und wählten als Testgelände die 36 Inseln des Bikini-Atolls im Pazifik. Erste Erfolge auf dem Gebiet der Testkontrolle ergaben sich 1963, als die USA, die Sowjetunion und Großbritannien ein beschränktes Atomteststopp-Abkommen unterzeichneten. Sie verpflichteten sich in dem Vertrag, Kernwaffenversuche in der Atmosphäre, im Wasser und im All zu unterlassen. Taktischerweise ließen sich die drei Staaten damit noch die Testmöglichkeit unter der Erdoberfläche offen, die sie auch in den Folgejahren konsequent in Anspruch nahmen. Allein 1971, dem Erfolgsjahr der ersten Greenpeace-Aktivisten vor Alaska, konnten so noch fast 40 atomare Sprengsätze unterirdisch detonieren.

Der Erfolg der Greenpeace-Aktion gegen die Zündung der Cannikin-Bombe relativiert sich etwas, wenn man sich die Lage der Atomwaffenmächte vergegenwärtigt. Das angesprochene Teststopp-Abkommen wies nämlich zwei gravierende Mängel auf, die zum Teil bis in die heutige Zeit hineinreichen. Zum einen sah der Vertrag die Möglichkeit vor, unterirdische Atomversuche ungeachtet des Teststopp-Abkommens durchzuführen. Zum anderen mußten sich Staaten wie Frankreich, China und Indien nicht an die ohnehin vage Vereinbarung halten, da sie das Abkommen nicht unterzeichnet hatten. Aus unterschiedlichen Motiven planten sie ihre Atomprogramme konsequent weiter. Indien begründete seinen Bau einer Bombe vor allem als »friedliches Atomwaffenprogramm«. Doch neben der friedlichen Nutzung der Atomenergie trieb in erster Linie die Angst vor dem großen Nachbarn China das Land dazu, eine eigene Atombombe zu entwickeln. Im Mai 1974 zündete Indien oberirdisch seine erste Atombombe in der Wüste Pokharan. Es sah den Test nur als Zeichen der Stärke und als verspätete Reaktion auf die Atommacht China an. Diese hatte bereits zehn Jahre früher, im Oktober 1964, einen ersten Atomtest gestartet.

Damals hätte das diplomatische Geschick der Russen die chinesische Testreihe in der Atmosphäre fast noch verhindern können. Aus Angst vor dem radioaktiven Fallout hatte Rußland der Volksrepublik seine wissenschaftliche Unterstützung bei ihren Forschungen in Aussicht gestellt. Als Gegenleistung hätten die Chinesen dem Teststopp-Abkommen beitreten und auf oberirdische Tests verzichten müssen. Aus strategischen, aber vor allem aus ideologischen Gründen lehnten die Chinesen den russischen Vorschlag ab und forschten weiterhin mit gewaltigem Einsatz an der Konstruktion moderner Vernichtungswaffen.

Nur drei Jahre später demonstrierte die Großmacht ihre militärische Stärke, indem sie drei Wasserstoffbomben im Südwesten des Landes zünden ließ. Bis 1988 führten die Chinesen weitere 34 Kernwaffentests durch, verzichteten aber inzwischen zumindest auf die Durchführung der Tests in der Atmosphäre.

Am konsequentesten beharrt bis heute Frankreich auf der Notwendigkeit eigener Tests. Die Franzosen hatten in den fünfziger Jahren ein gigantisches Forschungsprogramm begonnen, um sich als eigene Atomstreitmacht zu etablieren. Es wurde ein eigenes Ministerium für Atomenergie (Commissariat à l'Energie Atomique) geschaffen, das als Testgelände Teile des zu Frankreich gehörenden Algeriens wählte. Im Februar 1960 zündeten die Franzosen ihren ersten atomaren Sprengsatz. Infolge des Unabhängigkeitskampfes von Algerien gegen Frankreich mußte das Atomenergieministerium eine neue Testregion suchen. Man entschied sich für das knapp 30 Kilometer lange und 13 Kilometer breite Atoll von Mururoa und das benachbarte Fangataufa. Bis in die siebziger Jahre hinein führte Frankreich seine Atomtestreihen durch – mit katastrophalen Folgen für die Menschen und die Region. Mit ihrem radioaktiven Fallout erreichten die oberirdischen Sprengungen nicht nur die benachbarten Fidschi-Inseln, sondern selbst das über 3.000 Kilometer entfernte

Westsamoa. Dabei errichteten die Franzosen, wie bereits erwähnt, widerrechtlich eine Hoheitszone von 200 Meilen um das Südseeatoll, die die normale Zwölf-Meilen-Zone unzulässig vergrößerte und unerwünschte Besucher großräumig aus dem Gebiet heraushalten sollte. Auch diese anmaßende Seemachtspolitik hat die ersten Greenpeace-Aktivisten dazu gebracht, gegen die Atommacht Frankreich einen jahrzehntelangen Kampf zu führen, der bis zum heutigen Tag andauert.

Frankreich verteidigte seine Atompolitik beharrlich damit, die Detonationswirkungen seien letztlich absolut unschädlich für Mensch und Natur. Noch im Juni 1972 betonte der französische Verteidigungsminister Michel Debre, die Kritik an Frankreich sei allein »politischer Natur«. Mit Beginn der siebziger Jahre verstärkte sich der politische Druck auf Frankreich zusehends. Auch die Greenpeace-Aktion gegen die Sprengung der Cannikin-Bombe trug dazu bei, international eine kritischere Sichtweise durchzusetzen. Mit der verzweifelten Aktion gegen die Testsprengung vor Alaska hatten die Akteure von Greenpeace über die USA und Kanada hinaus den Protest gegen die unmenschlichen Atomtestversuche in Bewegung gesetzt. Frankreichs ebenso konsequente wie rücksichtslose Atompolitik stellte deshalb in den nächsten Jahren die Zielscheibe internationaler Protestaktionen dar. Dennoch liest sich die Bilanz der ersten Greenpeace-Aktionen vernichtend. Ungeachtet des Widerstandes zündete Frankreich 1972 immerhin drei Testbomben, 1973 sogar fünf.

Die Operationen zeitigten somit keinen greifbaren Erfolg, lösten aber weitere Proteste in aller Welt aus. Da diplomatische Interventionen anderer Regierungen erfolglos blieben, entschlossen sich Neuseeland und Australien, noch einen Schritt weiter zu gehen. Sie klagten Frankreich vor dem Internationalen Gerichtshof in Den Haag an. Im Juni 1973 entschied der Gerichtshof mit knapper Mehrheit, daß Frankreich seine Atomversuche im Südpazifik so lange einzustellen habe, bis ein endgültiges Urteil ergangen sei. Die Verlautbarungen Frankreichs blieben bis heute annähernd die gleichen wie damals. Frankreich hält in Fragen der »nationalen Verteidigung« andere internationale Gremien für nicht zuständig. Als Reaktion auf den wachsenden internationalen Druck entschloß sich Frankreich trotzdem, die atmosphärischen Atomtests zu beenden, und führt seit 1975 seine Atomtests ausschließlich unterirdisch durch. Aufgrund dieser Entscheidung der französischen Regierung stellte der Internationale Gerichtshof das Verfahren ein. Diesen Teilerfolg im Kampf gegen die Zerstörung der Umwelt durch radioaktive Verseuchung kann Greenpeace mit Recht auf seine Fahne schreiben. Medien aus aller Welt hatten sich dem Thema des kleinen David gegen den scheinbar übermächtigen Goliath gewidmet und die französische Regierung damit in Zugzwang gebracht. Dieser Erfolg ging im wesentlichen auf den heldenhaften Einsatz McTaggarts zurück, der Greenpeace zu einer weltbekannten Organisation gemacht hatte. Das Bild einer schlagkräftigen Gruppe, das die Medien vermittelten, entsprach allerdings nicht der Wirklichkeit. Organisatorisch gesehen verfügte Greenpeace keineswegs über ein geschlossenes, länderübergreifendes Netz von Büros und Zentralen, sondern bildete nur eine lockere Vereinigung regionaler Gruppen aus den USA und Kanada. Die Akteure verpaßten es in dieser Phase, ihren Erfolg durch entsprechende Kampagnen und Spendenaufrufe auch finanziell weiter auszunutzen.

Erstaunlicherweise einten die Protesterfolge die Gruppe der Umweltschützer nicht, statt dessen zerrieben sie sich in langwierigen Standortdiskussionen. Sollte die Organisation künftig ausschließlich eine Anti-Atom-Bewegung sein oder sollte man sich nicht auch auf neue Aktionsschwerpunkte konzentrieren? Innerhalb von Greenpeace kam es zu einer offenen Auseinandersetzung beider Lager, an deren Ende der damalige Vorsitzende von Greenpeace, Bob Hunter, zurücktrat. Es setzten sich schließlich die Befürworter eines stärkeren Engagements für die Wale durch. Dies war auch bitter nötig, da die Jagd bestimmte Arten dieser Säugetiere an den Rand der Ausrottung trieb, obwohl bereits seit 1946 die Internationale Walfangkommission (IWC) existierte. Diese Organisation verfolgte allerdings weniger den Schutz der Tiere, sondern erwies sich als internationale Lobbyorganisation der Walfänger. Einen wirkungsvollen Schutz der Tiere konnte und wollte sie lange Zeit nicht gewährleisten. Die IWC hatte stets zwischen den Interessen der Walfangindustrie und dem »zweckmäßigen Erhalt der Walbestände abzuwägen«. Entgegen dem Ratschlag angesehener Wissenschaftler legte man die Schonzeiten der Wale, ihre Fanggebiete und Mindestgrößen im Sinne der Walfänger sehr großzügig fest und gab so jahrzehntelang kurzfristigen wirtschaftlichen Interessen den Vorrang vor dem langfristigen Erhalt der Tierart. Bis Anfang der siebziger Jahre waren so die Bestände von Pott-, Grau- oder Seiwale um über die Hälfte zurückgegangen. Blauwale sind seitdem gänzlich vom Aussterben bedroht. Die Hauptgegner strengerer Jagdrichtlinien kamen aus den traditionellen Walfangländern Japan, Norwegen, Island, Spanien und der Sowjetunion. Diese Länder leisteten dann auch auf der ersten Umweltschutzkonferenz der Vereinten Nationen im Jahre 1972 erbitterten Widerstand gegen den beantragten sofortigen Walfangstopp. In einer Phase, in der keine wirksamen internationalen Maßnahmen zum Schutz der Meeressäuger existierten, entschloß sich Greenpeace zu einem verstärkten Engagement für die Wale. Diese Richtungsentscheidung der Organisation geht im wesentlichen auf den Einfluß des Psychologen und Walforschers Paul Spong zurück. Spong galt als überzeugter Kämpfer für das Überleben der Wale und hatte 1974 eine aufsehenerregende Kampagne zum Schutz der Wale in Japan veranstaltet. Er bewirkte innerhalb der Organisation einen entscheidenden Gesinnungswandel. Hatte sich Greenpeace bei seinen Anti-Atom-Kampagnen zuvor ganz konkret gegen eine Zerstörung des Planeten durch Nuklearwaffen gewandt, kämpfte man jetzt für eine übergeordnete Sache. Es genügte letztlich nicht, die Umwelt vor der unmittelbaren Bedrohung der Bombe zu retten, sondern es ging darum, den gesamten Kreislauf des Lebens vor tödlichen Eingriffen zu schützen. Die Abwendung unmittelbarer Gefahr wich der »Vison einer neuen Welt«, wie es Monika Griefahn, die Vorsitzende von Greenpeace Deutschland und spätere Niedersächsische Umweltministerin, formulierte. Dabei verfuhr Greenpeace bei seinen Protestaktionen nach dem Vorbild der erfolgreichen Anti-Atom-Kampagnen. Unter Einsatz des eigenen Lebens wollten sich die Akteure in die Gefahrenzone zwischen Wal und Walfänger manövrieren, um damit den Abschuß der Tiere zu verhindern. Dabei hatte man sich die genauen Fangrouten der japanischen Schiffe *Nissim Maru 3*, *Tonan Maru 2* und *Kyukuyo 3* sowie der beiden sowjetischen Walfangschiffe *Dalnij Wostok* und *Wladiwostok* besorgt. Bereits im Vorfeld sorgte die geplante Protestaktion für internationale Schlagzeilen. Die japanische Walfanggesellschaft in Tokio bezeichnete das Vorhaben von Greenpeace schlichtweg als »albern«. Die japanische Regierung dagegen nahm die sich andeutende Konfrontation wesentlich ernster. Sie drohte Greenpeace mit einer Klage vor dem Internationalen Gerichtshof in Den Haag, falls die japanische Walfangflotte behindert werden sollte. Wesentlich gelassener reagierte dagegen die Sowjetunion. Sie gab zu den Aktionen von Greenpeace demonstrativ keinerlei Kommentar ab.

Im April 1975 stachen die bereits einsatzerprobten Schiffe *Phyllis Cormack* und *Vega* mit ihren Mannschaften von Vancouver aus in See. Die *Vega* sollte austesten, ob es möglich sei, mittels Musik Kontakt zu den Walen aufzunehmen. Die *Phyllis Cormack* erfüllte dagegen einen wesentlich gefährlicheren Auftrag. Sie suchte den direkten Kontakt mit einem Walfang-

Gut gegen Böse: Greenpeacer blockieren einen japanischen Walfänger.

schiff, um in einer ersten Protestaktion Wale zu retten und den grausamen Walfang in der Öffentlichkeit anzuprangern. Rund 100 Kilometer vor der Küste Kaliforniens kam es dann zur Konfrontation mit dem sowjetrussischen Walfangschiff *Dalnij Wostok* (»Ferner Osten«). Im Vergleich zu dem über 200 Meter langen sowjetischen Schiff, das von sechs Harpunenbooten begleitet wurde, wirkte die *Phyllis Cormack* klein und zerbrechlich. Die Greenpeace-Besatzung traf in dem Augenblick mit der *Dalnij Wostok* zusammen, als die Walfänger gerade einen etwa sechs Meter langen Pottwal getötet hatten. Dies stellte einen Verstoß gegen die ohnehin schon großzügigen Fangregelungen der Internationalen Walfangkommission dar, die Wale erst ab 9,5 Meter Länge zum Abschuß freigab. Die *Dalnij Wostok* gab sich aber mit diesem

Fang noch keineswegs zufrieden, sondern steuerte auf ein anderes Rudel Wale zu. In diesem Moment mußte sich die von den Greenpeace-Akteuren so oft durchdachte und trainierte Strategie bewähren. In wackeligen Schlauchbooten fuhren die Regenbogenkämpfer in die Schußlinie zwischen dem Walfangboot und den flüchtenden Walen. Unter Einsatz ihres Lebens gelang es den Umweltschützern, einen Teil der Tiere zu retten. Der Medienerfolg dieser Aktion war gewaltig. Die Bilder der unverwüstlichen Walkämpfer gingen um die Welt. Greenpeace erlebte einen deutlichen Zuwachs an Spendengeldern und Mitgliedern. Besonders in den USA und Kanada bildeten sich in vielen Städten kleinere Komitees, die sich der Unterstützung der Greenpeace-Arbeit verpflichtet sahen. Die Protestaktion gegen die *Dalnij Wostok* hatte aber auch gezeigt, daß die Ausrüstung der Walfänger technisch derjenigen der Tierschützer klar überlegen war. Deshalb kaufte sich Greenpeace mit dem ausrangierten Minenräumer *James Bay* ein Schiff, das in etwa die Geschwindigkeit der Walfangboote erreichen konnte. Prompt trafen die Greenpeace-Kämpfer im Juli 1976 erneut auf die *Dalnij Wostok*. Beide Parteien hatten inzwischen aufgerüstet: Das neue Greenpeace-Schiff war mit seinen 47 Metern Länge und einer Crew von 36 Mann deutlich stärker als die alte *Phyllis Cormack*, doch wirkte es gegenüber der schwimmenden sowjetischen Walfabrik, die diesmal sogar neun Schlauchboote mit sich führte, immer noch winzig klein. Dieses Ungleichgewicht der Kräfte verstärkte noch ein U-Boot, das die *James Bay* bei dieser zweiten Protestfahrt permanent verfolgte. Trotz der Unterlegenheit an Schiffsmaterial gelang es Greenpeace immer wieder, die Walfänger zu stören. Die Bilanz liest sich ermutigend. Immerhin rund 100 Walen hatte man mit dieser zweiten Protestfahrt vor der Küste Kaliforniens das Leben gerettet und damit den Walfängern einen Verlust von fast zwei Millionen Dollar zugefügt. Bei einer neuen Konfrontation von Greenpeace mit den Walfängern der *Dalnij Wostok* gelang es sogar einen aufsehenerregenden Film von den grausamen Massakern auf hoher See zu drehen. Als eine US-amerikanische Fernsehgesellschaft den Film ausstrahlte, begann sich sogar das Weiße Haus für den brutalen Walfang zu interessieren. Der amerikanische Präsident Jimmy Carter entschloß sich, der IWC Bilder vorzulegen, die beweisen konnten, daß entgegen der geltenden Fangrichtlinien auch Walkälber verfolgt wurden. Die USA unterstützten den Kampf gegen die sowjetische Walfangpolitik zwar wohl in erster Linie aus ideologischen Gründen, doch so blieb er wenigstens ein politisches Dauerthema in den Medien. Als im Juli 1977 die Jahrestagung der IWC im australischen Canberra stattfand, nutzte Greenpeace die Gelegenheit, zusammen mit australischen Umweltschutzgruppen den australischen Walfang anzuprangern. Im Westen des Landes, in Albany, arbeitete die letzte Walfangstation, die immerhin jährlich rund 600 Pottwale verarbeitete. Greenpeace erweiterte in dieser Kampagne seine bisherige Strategie. Die Akteure schoben sich während der Jagd nicht nur zwischen Wal- und Schiffskörper, sondern nutzten auch alle bürokratischen Wege zur Verhinderung der Walverarbeitung. Als nämlich die Walfang-Company das gewonnene Walöl per Schiff in die USA verkaufen wollte, deckte Greenpeace eine Fehlkennzeichnung der Tanks auf. Um den Zoll zu täuschen und Kosten zu sparen, war das Walöl als Fischtran deklariert worden. Angesichts dieses Betrugs geriet die australische Walfangpolitik in der Öffentlichkeit unter Rechtfertigungsdruck. Premierminister Malcom Fraser sah sich gezwungen, einen Untersuchungsausschuß zur Klärung der Vorfälle einzusetzen, zumal die Stimmung der australischen Bevölkerung mehr und mehr zugunsten eines strengeren Walschutzes umschlug. Bereits einige Monate später, Anfang des Jahres 1979, mußte die Cheyne Beach Whaling Company in Albany schließen. Die Krönung des Erfolges von Greenpeace in Australien bildete die Entscheidung der Regierung, nicht nur auf den kommerziellen, sondern auch auf den Walfang aus wissenschaftlichen Gründen zu verzichten. Die Anerkennung, die Greenpeace daraufhin als internationale Instanz zum Schutz der Wale erfuhr, lag auch an der nationalen Neutralität der Organisation, die nicht nur den japanischen oder sowjetischen Walfang bekämpfte, sondern auf allen Weltmeeren für den Schutz der Meeressäuger eintrat. Mit dem neuen Schiff, der *Rainbow Warrior*, blockierten Greenpeace-Aktivisten in den nächsten Jahren auch den isländischen Walfang. Aufgrund der internationalen Resonanz ihrer Aktionen wurde der Organisation im Jahre 1978 der Beobachterstatus in der Internationalen Walfangkommission zugesprochen.

Parallel zum Engagement für den Schutz der Wale hatte sich Greenpeace auch dem Erhalt der Robben gewidmet. Seit dem Zweiten Weltkrieg war die Population der Sattelrobben durch Menschenjagd von über drei Millionen Tiere auf weniger als ein Drittel zurückgegangen. Bevorzugtes Schlachtgebiet bildete lange Zeit die Region um Neufundland, in der zeitweise 70 bis 80 Prozent eines Jahrgangs den Robbenjägern zum Opfer fielen. Besonderes Interesse zeigten die Jäger vor allem an den Babys. Sie tragen die ersten Wochen ihres Lebens den begehrten weißen Pelz, der zu kuscheligen Fellmänteln verarbeitet wurde. Die Greenpeace-Aktivisten überlegten sich deshalb eine spezielle Strategie. Sie füllten Feuerlöscher mit bunter Farbe, um so die Robben zu markieren und ihren Pelz für die Jäger unbrauchbar zu machen. Grundsätzlich schien diese Taktik auch erfolgreich zu sein. Allerdings reagierte die kanadische Regierung recht schnell auf diese Protestaktionen und verabschiedete kurzerhand ein Gesetz, das das Besprühen der Robben unter Strafe stellte. Greenpeace mußte folglich neue Protestformen entwickeln. Man besann sich bei einer Aktion gegen den norwegischen Robbenfang auf der Insel Belle Isle im März 1976 auf die alte Erfolgsmethode. Die Greenpeacer warfen ihre Körper schützend über die jungen Robben und hinderten die

Schützendes Make-up: Greenpeacer besprüht ein Robbenbaby mit ungefährlicher Farbe.

Jäger so daran, die Babys zu erschlagen. Unter Einsatz ihres Lebens bildeten sie ein menschliches Schutzschild gegen die todbringenden Schläge der norwegischen Robbenjäger. Ergänzt wurde diese Strategie in den nächsten Jahren dadurch, daß man sich einzeln sowie in der Gruppe oder auch als Menschenkette vor die riesigen Eisbrecher der Robbenjäger setzte, um ein Eindringen der Schiffe in den Lebensraum der Jungrobben zu verhindern. Oft zerquetschten die Schiffe nämlich schon während der Fahrt in die Fanggebiete viele der hilflosen Jungtiere. Die Kampagnen zum Schutz der Robben gegen isländische, norwegische oder auch britische Walfänger zeigte erste Wirkungen. Nicht nur, daß Brigitte Bardot die Kampagnen der Robbenschützer persönlich begleitete und ihnen weitere Aufmerksamkeit verschaffte. Auch die Europäische Gemeinschaft hatte die grausame Robbenjagd zur Kenntnis nehmen müssen und sollte in den nächsten Jahren eine Importstopp-Richtlinie für Robbenfelle ausarbeiten.

Neben dem Schutz der Wale und Robben verfolgte Greenpeace Ende der siebziger Jahre die Atompolitik der Industriestaaten mit Argusaugen. Ein wachsendes Problem vieler Staaten bestand in der umweltgerechten Entsorgung von Atommüll. Da die Entsorgung im eigenen Land wegen der hohen Sicherheitsstandards enorme Kosten verursachte, entschieden sich einige Staaten für eine Deponierung der Rückstände aus Forschung, Medizin und Kraftwerken im Meer. Besonders Großbritannien und Holland, aber auch Belgien und die Schweiz entsorgten ihre Abfälle lange Zeit im Atlantik. Dies stellt ein klares Versagen der Organisation für wirtschaftliche Zusammenarbeit und Entwicklung (OECD) dar, die es im Laufe mehrerer Jahrzehnte nicht schaffte, ein bindendes Abkommen zum Schutz der Meere zu verfassen. So entwickelte eine Unterabteilung der OECD, die Nuclear Energy Agency (NEA), ein solches. Zwar ist es formal ein Gesetz zum Schutz der Meere, es wird aber diesem Anspruch nicht gerecht. Die neu entstandene Londoner Dumping-Konvention war sehr unverbindlich gehalten und mit unzähligen »Kann-Vorschriften« ausgestattet. Einem wirksamen Schutz der Meere vor einer drohenden radioaktiven Verseuchung durch Atommüll kam man mit ihr jedenfalls nicht näher. So konnten auch bis Anfang der achtziger Jahre rund 80 Staaten den Vertrag sorglos unterschreiben, ohne ernsthaft Einschränkungen ihrer Atommüllpolitik befürchten zu müssen. Noch 1977 verwarfen Wissenschaftler der OECD Befürchtungen, die Atommüllfässer auf dem Meeresgrund der Ozeane könnten langfristige Schädigungen nach sich ziehen. In einem Forschungsbericht lehnten es die Wissenschaftler ab, verbindliche Aussagen über die Wirkungen des versenkten radioaktiven Mülls zu machen. Greenpeace nahm auch hier den Kampf zum Schutz der Meere beherzt auf. Die ersten Aktionen gegen die Versenkung von Atommüll fanden 1978 und 1979 in der Biskaya statt, als gegen die Entsorgung britischen Atommülls protestiert wurde.

Die Bilanz der ersten Jahre von Greenpeace kann sich damit sehen lassen. Begonnen mit den Protesten gegen Atomtestversuche der USA und Frankreichs, hat Greenpeace seine Aktionen zum Schutz der Umwelt zum Ende der siebziger Jahre weiter ausgedehnt. Es folgten spektakuläre Aktionen zum Schutz der Robben und Wale, die die Organisation dank des riesigen Medienerfolges in aller Welt bekanntmachten. Damit wuchs Greenpeace auch organisatorisch weiter. Neben den Stützpunkten in den USA, Kanada, Australien und Neuseeland entstanden 1979 auch Gruppen in den Niederlanden und Dänemark. Die ersten vier Nationen schlossen sich 1979 zum »Stichting Greenpeace Council« zusammen, einem Rat, der eine bessere internationale Koordination der Aktionen gewährleisten sollte. Damit war es nur noch ein kleiner Schritt bis Greenpeace auch nach Deutschland expandierte.

2. 1980 bis 1985: Greenpeace expandiert nach Deutschland

Anfang der achtziger Jahre löste sich die Organisation zusehends von ihrem etwas hemdsärmeligen Image und dem chaotischen Auftreten der Gründerphase. Die Kampagnen wurden zunehmend breiter angelegt und betrafen längst nicht mehr nur den Schutz der Wale und den Kampf gegen die Atomtests. Es begann sich innerhalb der Bewegung eine Kampagnenstruktur abzuzeichnen, die bis heute gültig ist und die Bernhard Knappe in seinem Buch über die Umweltorganisation aufgezeigt hat. Alle Aktionen lassen sich danach in vier große Kategorien einteilen. Da sind zum einen die ursprünglichen Aktionen gegen die Atomtests, die zunehmend zu einem weltweiten Kampf gegen die gesamte Nutzung der Kernenergie und ihrer Folgeprodukte werden. So tritt Greenpeace auch weiterhin vehement gegen die Entsorgung des Atommülls in den Weltmeeren ein.

Ein weiterer Aktionsbereich gilt dem Schutz der natürlichen Artenvielfalt. Parallel zum traditionellen Engagement für die Wale widmet sich Greenpeace ebenfalls dem Erhalt der Robben. Neben dem Schutz der Tierarten geht es Greenpeace auch verstärkt um den Erhalt bedrohter Pflanzenarten. Besonders die Waldgebiete Kanadas, Sibiriens und Skandinaviens, aber auch die Gefährdung der tropischen Regenwälder sollen verstärkt in das Interesse der Öffentlichkeit gerückt werden.

Ein dritter Arbeitsschwerpunkt von Greenpeace kristallisierte sich mit Beginn der achtziger Jahre vor allem in Europa heraus. Die Anti-Chemie-Kampagnen sollten Wasser, Luft und Boden vor giftigen chemischen Verunreinigungen schützen oder zumindest auf die bis dahin unterschätzten Gefahren derselben aufmerksam machen. Immer dringlicher rückte Greenpeace seit den achtziger Jahren auch den Schutz des Klimas in den Mittelpunkt des allgemeinen Bewußtseins.

Dabei stieß man erstmals auch auf klare Grenzen bei der Vermittlung der Protestaussage. Ein derartig komplexes Thema wie der Schutz des Klimas läßt sich wesentlich schwieriger in klaren, symbolhaften Aktionen verdeutlichen als beispielsweise die Jagd auf Wale. Greenpeace griff deshalb verstärkt auf Aktionsformen zurück, die eine unbefriedigende Verkehrspolitik oder eine kurzsichtige Energiepolitik als klimagefährdende Prozesse anprangerten.

Im Laufe der achtziger Jahre erweiterte sich der Aktionsrahmen der einzelnen Verbände wesentlich, und die verschiedenen Proteste sind längst nicht mehr alle zu verfolgen. Angefangen von kleinen Plakataktionen über das Erklettern

Aufstieg zu ungeahnten Höhen: Greenpeace-Protest gegen das Braunkohlekraftwerk Frimmersdorf.

von Fabrikschornsteinen bis hin zu den bekannten Störaktionen gegen Wal- oder Robbenfang artikulieren Greenpeace-Aktivisten ihren Protest gegen die vielseitige Schädigung der Umwelt. Allein 1981 kamen so über 50 Aktionen zustande. Und jährlich steigt diese Zahl.

Unbeirrt kämpft Greenpeace dabei weiter gegen die Verseuchung der Umwelt durch Atomtests und Atommüll. Der Oktober 1981 wurde zum Kampagnenschwerpunkt, um die kommende UNO-Sondersitzung zum Thema Atomtests vorzubereiten. Im Frühjahr 1981 war in Frankreich ein umfassender Bericht erschienen, der die Sicherheitsmängel bei den Testversuchen auf dem Mururoa-Atoll belegte. Während der Testreihen hatten sich zahlreiche Unfälle ereignet, die die benachbarten Inselbewohner großen Gefahren ausgesetzt hatten. Das gesamte Atoll sank infolge der Detonationen um 1,5 Meter ab. Der französische Staatspräsident Francois Mitterrand wurde deshalb aufgefordert, die Testreihe zu stoppen und die UNO-Sondersitzung für umfassende Teststopp-Vertragsverhandlungen zu nutzen. Damals wie heute zeigte sich Frankreich in der Frage der Atomtests auf dem südpazifischen Atoll wenig einsichtig. Zur Überprüfung der Vorwürfe schickte die französische Regierung lediglich ein eigenes Untersuchungsteam nach Mururoa, das das Kontaminationsrisiko auf der Insel als »gering« einstufte. Greenpeace ließ in der Frage der Atomtests über Jahre hinweg nicht locker. Im Oktober 1982 machten sich Mitglieder der Umweltorganisation nach 1972, 1973 und 1982 insgesamt zum vierten Mal nach Mururoa auf, da die Appelle an Mitterrand nicht gefruchtet hatten. Bis Mitte des Jahres 1982 detonierten auf dem Atoll bereits drei Atombomben und der französische Staatspräsident kündigte an, weitere Testreihen starten zu wollen. Dieser Konflikt zwischen der französischen Regierung und den Greenpeacern, die mit der *Vega* oder *Rainbow Warrior* in die Sperrzone des Testgebietes eindrangen, bleibt bis heute hochaktuell.

Ohne den Blick von dem Testgebiet im südpazifischen Ozean zu nehmen, richtete sich die Aufmerksamkeit von Greenpeace Anfang der achtziger Jahre auch nach Osteuropa. Die Supermacht UdSSR verhielt sich in der Durchsetzung ihrer Atomtests kaum weniger rigoros als Frankreich und hatte bis Anfang 1982 fast 500 Atomtests durchgeführt. Verstärkt rückte Greenpeace auch die Sowjetunion durch kleinere Protestkampagnen im Hoheitsgebiet der UdSSR in den Blickpunkt der Öffentlichkeit. Dies war bereits ein kleiner Schritt nach vorn, da sich die UdSSR bis dahin mit Informationen zu den Sprengungen auf der Halbinsel Nowaja Semlja überaus restriktiv verhalten und eine nationale und internationale Debatte damit unterdrückt hatte. Begleitet wurde dieser Teil der Aktionen durch Proteste gegen den wachsenden Atommülltransport und seine Entsorgung im Meer. Erstmals hatte 1978 die *Rainbow Warrior* den britischen Frachter *Gem* in einer spektakulären Aktion an der Versenkung seiner Fässer mit radioaktivem Müll hindern wollen. Auch in den nächsten Jahren bildete die rücksichtslose Entsorgungspolitik der Briten einen der Protestschwerpunkte von Greenpeace. Als es 1981 zu einer Begegnung des Greenpeace-Schiffes *Sirius* mit einem britischen Frachter kam, wurden die Greenpeacer mit Hochdruckschläuchen von einem weiteren Eingreifen abgehalten. Insgesamt stellte dies den Auftakt zu den immer härter werdenden Auseinandersetzungen in den Folgejahren dar. So ließ sich 1982 der niederländische Frachter *Rijnborg* auch durch Greenpeace-Akteure nicht von der Entsorgung seiner Atommüllfässer abhalten. Durch herabfallende Fässer kenterten fünf Greenpeace-Schlauchboote und zwei Umweltschützer erlitten Verletzungen. Und doch blieb der Erfolg der Regenbogenkrieger nicht aus, denn die niederländische Regierung beschloß Ende 1992, keinen Atommüll mehr im Meer zu entsorgen.

Diese kleinen Erfolge von Greenpeace finden sich auch bei den Aktionen zum Erhalt der Artenvielfalt. Dabei gilt der

Bestand der Wale aber noch lange nicht als gesichert. Greenpeace gelang es Ende der siebziger Jahre, den Walfangnationen neben einem internationalen Prestigeverlust auch finanzielle Verluste beizubringen. Wiederholt konnten die Greenpeace-Aktivisten Jagdschiffe bei ihren Fangversuchen behindern und so deren Fangquoten deutlich schmälern. Konsequenterweise richteten die Umweltschützer ihren Blick dabei auch nach Osten auf die UdSSR, die Anfang der achtziger Jahre zu den großen Walfangnationen zählte.

Im Juni 1982 stand das südenglische Seebad Brighton im Medieninteresse der Weltöffentlichkeit, da hier die Tagung der Internationalen Walfangkommission stattfand. Ein mutiger Vorschlag der Seychellen sah das Ende des kommerziellen Walfangs für die Saison 1985/86 vor. Eine geradezu revolutionäre Initiative, die auch aufgrund des von Greenpeace mitinitiierten Drucks auf die grausamen Waljäger möglich geworden war. Noch ein Jahrzehnt zuvor wäre ein derartiger Vorschlag an der notwendigen Zwei-Drittel-Mehrheit der Mitgliedsländer gescheitert. Anfang 1982 fällte das Gremium allerdings eine »historische Entscheidung«, so Monika Griefahn, und nahm den Vorschlag mit 25 gegen sieben Stimmen knapp an. Diesen unglaublichen Erfolg kann Greenpeace zurecht für sich verbuchen, wenn die Freude über die Entscheidung auch nicht ungetrübt blieb. Den Gegnern der Entscheidung, der UdSSR, Island, Norwegen, Japan, Peru, Brasilien und Südkorea, ließ die Bestimmung trotzdem Schlupflöcher. Da das Moratorium erst 1986 in Kraft treten sollte, durften die Walfangnationen erst einmal noch dreieinhalb Jahre weiter jagen. So erlaubte der Vertrag für die Jagdsaison 1984/85 immerhin noch die Tötung von 10.000 Walen. Doch eine strengere Formulierung der Ziele hätte den denkbar knapp angenommenen Antrag wahrscheinlich ganz gekippt. Dabei spielten bei einzelnen Nationen nicht nur klare wirtschaftliche Interessen eine Rolle, sondern auch schwer nachvollziehbare nationale Empfindungen. Welche grotesken Züge die Debatte zwischenzeitlich annahm, verdeutlicht ein Zitat aus der *Frankfurter Rundschau* vom November 1982, in der ein holländisches Mitglied der IWC das Walfangverbot als »Anwendung nationalsozialistischer Rassentheorien auf die Tierwelt« bezeichnete. Besonders sensibel reagierte auch Japan auf die Einführung des Moratoriums, obwohl die Walfangindustrie für das Land volkswirtschaftlich völlig irrelevant war. Ende 1982 zeigte sich Japan aber dennoch bereit, einen Handelskrieg über Fischgüter mit den USA zu führen, da es sich von der »amerikanischen und europäischen Ignoranz« in seiner nationalen Würde gedemütigt sah. Die Einführung des Moratoriums stellte aber ungeachtet aller Schlupflöcher einen wichtigen Schritt zum Schutz der Wale dar.

Ähnliches erhoffte sich Greenpeace auch in seinem verzweifelten Kampf zum Schutz der Robben, den die ehemalige Chefin von Greenpeace, Monika Griefahn, in ihrem Buch »Greenpeace. Wir kämpfen für eine Umwelt, in der wir leben können« eindringlich beschrieben hat. Danach ging man vor allem in Deutschland Anfang der achtziger Jahre noch recht unbefangen mit Robbenfellprodukten um. Auch wenn die Fellmäntel langsam kritischer betrachtet wurden, fanden Robbenfelle bei der Verarbeitung von Schuhen, Möbeln oder Kleinprodukten wie Geldbörsen, Anhängern etc. Verwendung. So weist das Statistische Bundesamt allein für Juni bis September 1982 eine Zahl von 100.000 importierten Robbenfellen aus. Dabei handelte es sich zwar in geringem Maße um Babyrobbenfelle, aber Greenpeace kämpfte unverdrossen für einen Gesamtimportstopp. Trotz eines wachsenden Umweltbewußtseins verfuhr die Bundesrepublik bis dahin recht großzügig beim Handel mit Fellprodukten. Holland beispielsweise hatte seit 1979 einen Importstopp verhängt, Italien führte keine unverarbeiteten Felle mehr ein und England sah zumindest eine Kennzeichnungspflicht vor. Greenpeace agierte in diesen Jahren im Kampf gegen das Robbensterben doppelgleisig. Zum einen wurden die grausamen Jäger, vorwiegend kanadische und norwegische Robbenschlächter, bei ihren Aktionen behindert, indem man das Fell der Jungrobben mit grüner Farbe besprühte. Gleichzeitig versuchte die Organisation aber gemäß des Leitsatzes »Wo kein Markt, da auch keine Jagd«, die Bundesrepublik als Hauptimporteur von Robbenfellen zu beeinflussen. So wurde beispielsweise 1981 das Bundesministerium für Landwirtschaft und Forst (BML) blockiert, Unterschriften in verschiedenen EG-Ländern gegen das Robbensterben gesammelt oder das EG-Ministergebäude in Brüssel zum Schauplatz aufrüttelnder Aktionen gemacht. Teilerfolge blieben nicht aus: So empfahl das EG-Parlament mit eindeutiger Mehrheit von 160 zu zehn Stimmen die Einfuhr von Robbenfellen zu verbieten. Da die EG rund drei Viertel der Robbenprodukte importierte, hätte diese Vorschrift die Robbenindustrie hart getroffen. Allerdings kann das Parlament in diesen Fragen nicht allein entscheiden und ist darauf angewiesen, daß die entsprechenden Minister der Mitgliedsländer sich auf derartige Richtlinien einigen. Gleichwohl besaß diese Empfehlung des Europäischen Parlaments eine Signalwirkung. Der Markt für Robbenprodukte reagierte sensibel auf die unsicheren Zukunftsaussichten, sah mögliche Handlungsbeschränkungen voraus und zeigte einen deutlichen Preisverfall. Im Dezember beschloß die EG dann tatsächlich den Einfuhrstopp für Robbenprodukte. Dies bedeutete einen wichtigen Schritt im Kampf um das Überleben der Robben und einen eindeutigen Sieg für Greenpeace. Allerdings war damit das Robbensterben noch lange nicht beendet, da längst nicht alle Jagdländer der EG angehörten. Der Druck der EG ließ aber auch Norwegen nicht unbeeindruckt, das auf die Jagd von Robbenbabys verzichtete und auch die erwachsenen Tiere nur noch in geringerem Ausmaß verfolgen wollte.

Längst ging der Kampf um die Artenvielfalt des Planeten aber über den Schutz der Wale und Robben hinaus. Greenpeace kämpfte in den achtziger Jahren auch gegen das Delphinschlachten der Japaner, gegen das Überleben der verfolgten Wasserschildkröten vor den Küsten Mexikos, den USA oder Griechenlands, gegen den Känguruhmord in Australien sowie für weitere bedrohte Tier- und Pflanzenarten.

Im Laufe der Zeit fand so fast unbemerkt eine Weiterentwicklung im Denken der Organisation statt. Die spirituellen und religiösen Aspekte von Greenpeace verloren sich mehr und mehr zugunsten einer sehr praktisch ausgelegte Denkweise, die die neuen Realisten vertreten. Nicht zuletzt durch die Gründung einer Greenpeace-Sektion in der Bundesrepublik gewann die praxisnahe Umweltarbeit in Europa neuen Elan. Einen Schwerpunkt der Arbeit bildet der Kampf gegen die Verschmutzung der Nordsee durch Dünnsäure und andere Chemikalien. Die Nordsee als zentrales Meer inmitten dichtbesiedelter und hochindustrialisierter Zentren droht durch die vielfältigen chemischen Einleitungen zu kollabieren. Das Gewässer leidet besonders unter der Zuführung giftiger Metalle wie Quecksilber, Mangan, Chrom oder Nickel. Darüber hinaus tragen einmündende Flüsse wie der Rhein auch unzumutbare Mengen an organischen Schadstoffen in die See. Fast neun Millionen Industrieabfälle, die Anfang der achtziger Jahre in der Nordsee versenkt wurden, ergänzen diese katastrophale Bilanz. Ein besonders giftiges Abfallprodukt der chemischen Industrie, die Dünnsäure, vergiftet das Meer in wachsendem Maße und hinterläßt grausame Spuren. Es schädigt die Tier- und Pflanzenwelt, läßt sie aussterben oder krankhaft entarten. Nicht zuletzt dem Menschen als letztem Glied der Nahrungskette drohen hier gesundheitliche Gefahren. So kämpften die Greenpeace-Aktivisten seit 1980 gezielt gegen die Firmen Bayer und Kronos Titan, die ihre Dünnsäure in der Nordsee verklappten. Der Dünnsäurefrachter *Kronos* wurde im Mai 1980 am Auslaufen aus dem Hafen von Rotterdam gehindert und einige Monate später erneut mit Rettungsinseln an der Unterweser blockiert. Die Firmengelände von Bayer und Kronos-Titan dienten wiederholt als Schauplätze spektakulärer Protestaktionen. Besondere Aufmerksamkeit fand vor allem das Ausleeren kranker Fische auf dem Firmengelände von Bayer in Leverkusen. Die Chemie-Kampagnen in der Bundesrepublik richteten sich aber keineswegs nur gegen die Verschmutzung der Nordsee. Legendär bleibt auch der Kampf gegen das todbringende Seveso-Gift. Im Juli 1976 war in der italienischen Stadt Seveso eine Chemiefabrik explodiert. Das freiwerdende hochgiftige Dioxin sollte in entsprechenden Fässern gelagert und entsorgt werden. Merkwürdigerweise verschwanden diese Fässer jedoch, und Greenpeace initiierte daraufhin eine spektakuläre Suchaktion. In der Nähe von Saint-Quentin in Frankreich tauchte die giftige Fracht schließlich auf. Die Fässer bleiben aber als ein Symbol der Bedrohung des Menschen durch unverantwortliche Verfahrenspraktiken in der chemischen Industrie immer gegenwärtig. Greenpeace klagte den verantwortlichen Konzern, Hoffmann-La Roche, im April 1983 vor der Weltöffentlichkeit an, indem die Organisation die 41 vermißten Fässer symbolisch auf dessen Firmengelände in Basel verfrachtete. 1985 wurden die Fässer in Basel entsorgt.

3. 1985 bis 1990: Der unaufhaltsame Aufstieg der Regenbogenkrieger

Das Jahr 1985 hält einen Paukenschlag bereit, der die ganze Welt aufhorchen läßt. Bei einem Sprengstoffanschlag auf die *Rainbow Warrior* sinkt das Schiff am 10. Juli vor der neuseeländischen Stadt Auckland. Da er nicht mehr rechtzeitig von Bord gelangen kann, kommt Fernando Pereira, ein 32jähriger Fotograf von Greenpeace ums Leben. Dieser erschütternde Vorfall gewinnt immer stärker an internationaler Bedeutung, als bekannt wird, daß der französische Geheimdienst wie auch die französische Regierung an der Operation beteiligt waren.

Die *Rainbow Warrior* läuft im Frühjahr 1985 in Richtung Marshall-Inseln aus, dessen Einwohner unter den Folgen der US-amerikanischen Atomtests zu leiden haben. Die Crew evakuiert Bewohner der verseuchten Insel Rongelap und bringt sie zur benachbarten Insel Majeto. Als nächstes Ziel macht sich das Schiff daraufhin in Richtung Mururoa auf, um gegen die französischen Atombombentests zu protestieren. Greenpeace will diese Fahrt zum Atoll nicht geheimhalten und informiert den französischen Staatspräsidenten Mitterrand über die Route. Auch wenn Frankreich schon wiederholt mit den Protesten der Umweltschützer fertig geworden ist, gilt die Fahrt des Greenpeace-Schiffes für die Atommacht dieses Mal als unberechenbar. Bei dieser Operation droht der französischen Zentralmacht nicht nur ein durch die Greenpeace-Besatzung hervorgerufenes unerwünschtes Medienspektakel, sondern auch eine kollektive Auflehnung der pazifischen Inselgruppen gegen die Vormachtstellung Frankreichs. Darüber hinaus besteht kein Zweifel, daß die *Rainbow Warrior* nach ihrer Evakuierungsaktion vor Rongelap die Sympathie der Inselbewohner besitzt und nur als Kopf einer großen friedlichen Flotte anderer Schiffe der Region Richtung Mururoa fahren wird.

Zur genaueren Informationsbeschaffung schleust Frankreich deshalb eine Spionin in das Greenpeace-Büro von Auckland ein, um die wichtigsten Entwicklungen nach Paris weiterzuleiten. Die Meldungen über die weiteren Aktivitäten von Greenpeace fallen anscheinend derart beunruhigend aus, daß der französische Geheimdienst drei Mannschaften nach Neuseeland sendet. Das Ziel: Die Versenkung der *Rainbow Warrior*. In der Nacht des 10. Juli bringt ein französischer Taucher zwei Sprengladungen an dem Schiff an. Kurze Zeit darauf explodiert die *Rainbow Warrior* und reißt Fernando Pereira mit in die Tiefe.

Da es sich bei dem Unglück ganz offensichtlich um einen Sabotageakt handelt, beginnen die neuseeländischen Behörden sofort zu ermitteln. Die Zusammenarbeit von Greenpeace, der neuseeländischen Bevölkerung und der Polizei verlaufen in den nächsten Tagen vorbildlich. Bereits vier Wochen nach dem Anschlag bezichtigen die französischen Zeitschriften *VSD* und *L'Evenement* französische Agenten des Terroraktes. Auch der französische Staatspräsident Mitterrand muß jetzt reagieren und ordnet eine »sofortige Untersuchung« der Vorfälle an. Natürlich spricht der spätere Regierungsbericht die französische Regierung von jeglicher Beteiligung frei, muß aber die Verwicklung des französischen Geheimdienstchefs Pierre Lacoste und des Direktors des französischen Nuklearforschungszentrums im Pazifik Admiral Henri Fages in die Aktion eingestehen. Lacoste und Verteidigungsminister Charles Hernu werden daraufhin entlassen. Staatspräsident Mitterrand und Premierminister Laurent Fabius kommen mit einem blauen Auge davon, da sie die gesamte Operation den Agenten des französischen Geheimdienstes zuschreiben. In einem späteren Gerichtsprozeß werden die beteiligten Attentäter wegen Totschlags und vorsätzlicher Sachbeschädigung zu zehn und sieben Jahren Gefängnis verurteilt. Eine internationale Schiedskommission benötigt weitere zwei Jahre um die Schadensansprüche von Greenpeace festzustellen und spricht der Organisation insgesamt über acht Millionen Dollar Schadenersatz, davon fünf Millionen für den Verlust der *Rainbow Warrior*, zu. Greenpeace hat damit einen internationalen Sieg gegen die Supermacht Frankreich errungen, der angesichts des weiteren Protests gegen die französischen Atomtests auf dem Mururoa-Atoll neue Aktualität gewinnt.

Der Protest von Greenpeace ist in den nächsten Jahren aber nicht nur ein Kampf gegen die Atomwaffentests. Ende der achtziger Jahre lagern in den Arsenalen der USA, UdSSR, Großbritanniens und Frankreichs rund 50.000 nukleare

Das versenkte Greenpeace-Schiff: Rainbow Warrior.

Sprengköpfe, 16.000 davon auf Schiffen und U-Booten. Daneben gibt es eine Reihe von Ländern wie Indien, Pakistan oder Südafrika, die kurz davor stehen oder bereits in der Lage sind, Atomwaffen herzustellen. Gefahren für die Umwelt erwachsen bei dieser Größenordnung nicht nur aus dem Test der Waffen, sondern ebenso aus ihrer Entwicklung, Herstellung, Lagerung, Beförderung, Stationierung und Entsorgung. Greenpeace bemüht sich deshalb weiterhin um entsprechende Protestaktionen zur Verdeutlichung der Risiken, widmet sich aber auch einer intensiveren Informationspolitik. Die Organisation verstärkt ihre wissenschaftlichen Dokumentationen sowohl im Bereich der atomaren Umweltbedrohungen wie auch im Bereich des Artenschutzes, den Chemie-Themen und dem Klimaschutz.

Unabhängig von dem Reaktorunglück in Tschernobyl im April 1986 dokumentiert die Organisation so eine permanente radioaktive Verseuchung der Umwelt durch Betriebsabläufe und Unfälle. Ende der achtziger Jahre melden die Betreiber amerikanischer Kernkraftwerke jährlich knapp 3.000 Störfälle in ihren Anlagen. Die dokumentierten Unfälle reichen von einer Bedrohung der Trinkwasserversorgung in Denver durch die Anlage von Rocky Flat (1988) über die Boden- und Luftverschmutzung durch den Austritt von 300 Tonnen Uranstaub der Anreicherungsanlage in Fernald bis hin zur Grundwasserverseuchung Ost-Idahos durch radioaktiven und hochgiftigen Sickermüll im Snake River. Greenpeace greift die gesamte Breite der atomaren Bedrohung in seinen Protestaktionen auf und bemüht sich gleichzeitig um eine breite, wissenschaftlich orientierte Informationspolitik.

Dabei werden die traditionellen Schwerpunkte nicht aufgegeben. Ganz im Gegenteil: Anfang 1985 erreicht das Engagement von Greenpeace zum Schutz der Wale einen neuen Höhepunkt. Als Japan seinen kommerziellen Walfang auch 1984/85 fortsetzt, ruft Greenpeace gemeinsam mit anderen Umweltschutzorganisationen zum Boykott der japanischen Fluglinie Japan Airlines auf. Andere Aktionen richten sich gegen den Walfang Norwegens, das trotz wirtschaftlichen Drucks aus den USA seinen Walfang zu wissenschaftlichen Zwecken auch nach 1987 fortsetzt. Gegen die isländischen Walfänger greift Greenpeace zu einem drastischen, aber erfolgreichen Mittel. Es ruft die deutschen Verbraucher auf, keine isländischen Fischereiprodukte mehr zu kaufen. Deutsche Lebensmittelunternehmen wie Edeka, Iglu, Nordsee, Rewe, Tengelmann und Aldi ziehen mit und verkaufen keinen isländischen Fisch mehr. Im August 1989 verpflichtet sich daraufhin die isländische Regierung, keine Wale mehr zu fangen.

Der Kampf für den Erhalt der Arten umfaßt aber auch Maßnahmen gegen die Überfischung der Meere, den Mißbrauch von Meeresschildkröten in entsprechenden Farmen, gegen die ungezügelte Känguruhjagd oder die Verarbeitung von Tierpelzen. Besonders die Anti-Pelz-Kampagne legt aber auch Kontroversen innerhalb von Greenpeace International offen. So sprechen sich Dänemark und Kanada entschieden gegen diesen Protest aus, da die mit dem Verband befreundeten Inuit wesentlich von dem Verkauf der Felle leben. Diese Kontroverse resultiert auch aus dem permanenten Anwachsen der Organisation, die bis Anfang der neunziger Jahre Büros in 30 Ländern hat. Interessensgegensätze und interkulturelle Probleme können da nicht immer ausbleiben. Dennoch sind die achtziger Jahre eine Phase, in der die Umweltorganisation kräftig an Einfluß gewinnt. Es entstehen unter anderem Büros in Spanien, Italien, Irland, der UdSSR und Argentinien. Im Oktober 1989 kann Greenpeace den 500.000sten Förderer begrüßen. Das Umweltprogramm der Vereinten Nationen unter dem Namen UNEP zeichnet Greenpeace für »hervorragende Umweltschutzleistungen« aus. Positiv für das Image von Greenpeace wirkt sich dabei auch sein Engagement für die Antarktis aus. Als »Weltpark Antarktis« ist geplant, die Region rechtsverbindlich durch folgende vier Merkmale zu schützen: Die Antarktis soll unberührte Natur bleiben, die dort freilebenden Tiere sollen uneingeschränkt geschützt und wissenschaftliche Arbeit soll in begrenztem Maße nur international abgewickelt werden. Des weiteren ist vorgesehen, daß in der gesamten Region keine Waffen stationiert werden dürfen. Greenpeace richtet auf den Ross-Inseln 1986 eine Forschungsstation ein, die sie mit Wissenschaftlern das ganze Jahr hindurch besetzt hält. Einen herben Rückschlag erhalten die Bemühungen von Greenpeace und anderer Umweltschutzorganisationen allerdings durch den Untergang des argentinischen Tankers *Bahia Paraiso* im Februar 1989, der das regionale System der Antarktis gefährdet. Die verheerenden Tankerunglücke finden mit der Katastrophe der *Exxon Valdez* vor Alaska im Frühjahr ihren vorläufigen, traurigen Höhepunkt. Neben zahlreichen Protestaktionen dokumentiert Greenpeace Anfang 1989 die »Schiffsunfälle 1945-1988« in einer entsprechenden Studie und weist nach, daß seit 1945 jeden Tag ein Schiffsunglück passiert ist. Die Realität ergänzt diese Liste, als am 9. April 1989 ein sowjetisches U-Boot mit atomaren Sprengköpfen vor der Küste Norwegens sinkt. Nach Angaben von Greenpeace lagern insgesamt über 50 Atomsprengköpfe und neun Atomraketen auf dem Meeresgrund.

Im Kampf für die Umwelt rüstet die Organisation weiter auf. 1988 hat Greenpeace für die künftigen Antarktis-Fahrten die 51 Meter lange und über eine Million Dollar teure *Gondwana* gekauft und umgerüstet. Bereits im Jahre 1984 hatte Greenpeace seine Flotte durch die *Beluga* ergänzt, die als Laborschiff die Verschmutzung der europäischen Flüsse und Küstenregionen dokumentieren soll.

Im Kampf um die Nordsee setzt sich Greenpeace verstärkt für ein Ende der Giftmüllverbrennungen ein. Die Erfolge sind noch durchwachsen. Während die Niederlande und Österreich ihre Verbrennungen im Februar 1989 einstellen, machen Spanien und die Bundesrepublik immer noch weiter. Greenpeace hat jedoch entscheidenden Anteil daran, daß die Giftmüllverbrennungen auf der Nordsee Ende 1989 ganz beendet werden. Die zunehmende Komplexität der Umweltbelastungen erschwert in Zukunft derartige Erfolge allerdings enorm. Besonders der Kampf gegen eine weitere Schädigung des Weltklimas durch die Halogen- und FCKW-Produktion ist in der Öffentlichkeit umstritten. Neben verschiedenen Aktionen auf dem Konzerngelände Hoechst und der Kali-Chemie startet Greenpeace eine aufsehenerregende Plakataktion. Unter dem Titel »Alle reden vom Klima. Wir ruinieren es.« werden die Manager der beiden Konzerne van Lierde und Hilger auf Plakaten in der Art von Steckbriefen dargestellt. In den anstehenden Gerichtsprozessen muß sich Greenpeace für diese Darstellungen rechtfertigen. Aber die

Organisation bemüht sich auch, das Image des bloßen Neinsagers und Verhinderes loszuwerden. Mehr und mehr sinnt Greenpeace auf mögliche Alternativen: 1990 stellt die Organisation ihr Clean Tech-Fahrrad und in ihrer Ausstellung »Himmel und Hölle« an Bord des *Rübezahl*-Frachters alternative Sonnenenergie vor. Mit ihrer Arbeit ist es der Organisation gelungen, von 1985 bis 1990 seine Fördererzahl von 80.000 auf 431.000 und damit auch seine Spendeneinnahmen zu steigern. Dabei ist es auch durch Projekte wie die Schallplatte »Breakthrough«, für die 24 bekannte Rockmusiker kostenlos für Greenpeace aufgetreten sind, gelungen, eine finanziell und operationell schlagkräftige Umweltorganisation aufzubauen.

4. 1991 bis 1995: Ein Gigant kommt ins Wanken

Das Jahr 1991 ist für Greenpeace eines der ereignisreichsten in seiner Geschichte. Einerseits kann die Organisation in diesem Jahr ihre bisher größten Erfolge feiern, indem ihre Antarktis-Kampagne in einem Moratorium mündet, das die Antarktis 50 Jahre lang vor kommerzieller Rohstoffnutzung schützen wird. Der Ausstieg des Chemiegiganten Hoechst aus der FCKW-Produktion, der von Greenpeace wesentlich forciert wurde, vervollständigt diesen Triumph.

Andererseits gerät Greenpeace wie nie zuvor in die öffentliche Kritik. In großen Medienattacken greift unter anderem *Der Spiegel* die Organisation wegen ihrer undemokratischen Strukturen, wegen der undurchsichtigen Finanzpolitik und der Entfremdung von alten Idealen an. Viele Menschen wenden sich enttäuscht von Greenpeace ab, und erstmals gerät der Umweltverband selbst vor der Öffentlichkeit in die Defensive und muß sich rechtfertigen.

Das unruhige Jahr 1991 beginnt für Greenpeace mit Kampagnen gegen den Golfkrieg, der auch aus ökologischer

Sicht verhängnisvolle Folgen haben sollte. Die Meinung innerhalb der Bevölkerung zu diesem Krieg ist international allerdings gespalten. Besonders in den USA, Großbritannien und Kanada treffen die Proteste auf Ablehnung und lassen das Spendenaufkommen von Greenpeace in diesen Ländern stark zurückgehen. Inhaltlich hält man aber konsequent an den alten Schwerpunkten wie der Chemie-Kampagne, dem Kampf um die Atmosphäre, dem Artenschutz und der Anti-Atom-Strategie fest. Die Erfolge können sich sehen lassen. Hoechst teilt im September 1991 mit, daß er nicht nur, wie vielfach gefordert, aus der FCKW-Produktion aussteigen will, sondern auch auf den Einsatz chlorhaltiger, teilhalogenierter Ersatzstoffe verzichten wird. Aber nicht nur in der Bundesrepublik, sondern auch in den benachbarten Niederlanden tobt der Kampf gegen die FCKW-Produktion. Im April 1992 rückt eine Aktion unter dem Motto »Hautkrebs hat einen Namen – Du Pont« den größten FCKW-Produzenten in den Mittelpunkt der Öffentlichkeit. Im Kampf gegen die FCKW-Produktion kann sich Greenpeace in den Augen vieler Menschen nicht nur als ständiger Verhinderer fremder Pläne, sondern auch als aktiver Lösungsanbieter profilieren. Mit dem Modell »Greenfreeze« wird ein FCKW- und FKW-freier Kühlschrank auf den Markt gebracht, der sich hervorragend verkauft. Auch die Elektrokonzerne AEG, Liebherr und Bosch-Siemens setzen in den nächsten Jahren bei ihren Kühlschränken verstärkt auf die Naturgase Butan und Propan.

Eine parallel laufende Chemiekampagne ist ebenfalls von Erfolg gekrönt. Der Kampf gegen die gefährliche Chlorbleiche bei der Papierproduktion findet im März 1991 seinen spektakulären Höhepunkt. Nachdem *Der Spiegel* es auf eine Aufforderung von Greenpeace hin für technisch unmöglich erklärt hatte, seine Ausgaben auf chlorfreiem Papier erscheinen zu lassen, schlägt Greenpeace zurück. *Das Plagiat*, eine Zeitschrift im Spiegeldesign, wird Anfang März vor dem Verlagshaus in Hamburg verteilt, um zu demonstrieren, daß mit gutem Willen der Druck auf chlorfreiem Papier sehr wohl ohne sichtbare Qualitätseinbußen möglich ist. *Der Spiegel* zieht am 9. November 1992 nach und druckt seine gesamte Auflage seither ebenfalls auf chlorfreiem Papier.

Derartige Aktionen stellen beeindruckende Teilerfolge der Umweltschutzorganisation dar, die allerdings auf dem UN-Umweltgipfel im Sommer 1992 in Rio de Janeiro kein Pendant finden. Die Teilnehmerstaaten können sich nicht auf verbindliche Regelungen zum Schutz der Artenvielfalt, gegen eine drohende Klimaveränderung und gegen die Abholzung der Regenwälder verständigen. In dieser schwierigen Situation hätte sich ein stärkeres und offensiveres Auftreten der Umweltschutzorganisation angeboten. Aufgrund der Spendenrückgänge des vorherigen Jahres muß Greenpeace nun sein Aktionsprogramm auf wichtige Themenfelder konzentrieren und sogar Mitarbeiter entlassen. Ein Schwerpunkt der Arbeit gilt aber weiterhin dem internationalen Giftmüllexport. In einem Bericht »Internationaler Müllhandel« listen Greenpeace-Mitarbeiter Firmen auf, die hochgiftigen Chemiemüll ins Ausland exportieren. Bis 1990 ist Afrika bevorzugtes Exportziel des Giftmülls vieler Industriestaaten. Als der Kontinent sich zunehmend dem Export verweigert, wird ein Großteil des Mülls nach Osteuropa geschafft. Unter dem Deckmantel, der Müll werde in den Empfängerländern wiederverwertet, beruht dieser Mülltransport sogar auf rechtlichen Grundlagen. Das Engagement von Greenpeace, über viele Jahre für ein weltweit geltendes Verbot aller Giftmüllexporte zu kämpfen, wird 1994 endlich belohnt. Im März beschließen die Staaten der Baseler Konvention ein Verbot für alle Giftmüllexporte aus den Industrieländern in die Staaten Osteuropas und der Dritten Welt. Auch das Schlupfloch des recyclingfähigen Mülls beginnt sich zu schließen. Ab 1998 wird auch der Export recyclingfähigen Mülls verboten sein, wenn die Staaten der Baseler Konvention den Beschluß rechtzeitig in nationales Recht umwandeln.

Ähnlich dem Export von Giftmüll beobachtet Greenpeace seit Jahren auch die weltweite Entsorgung von Atommüll. International gesehen, ist die UdSSR in Europa einer der rücksichtslosesten Staaten und nutzt die Meeresregion vor Nowaja Semlja zur Entsorgung alten radioaktiven Mülls. Nach Greenpeace-Angaben hat das Land zwischen 1963 und 1986 mindestens 15 Atomreaktoren, meist von U-Booten, und 17.000 Fässer radioaktiven Mülls versenkt. Greenpeace untersucht mit der *Solo* erstmals die Region und bringt Boris Jelzin dazu, zumindest eine Untersuchungskommission für die Region einzusetzen. Die Situation ist deprimierend, hatten sich doch 1983 die Teilnehmerstaaten der Londoner Konvention auf ein zehn Jahre geltendes Moratorium zur Beendigung der Atommüllverklappung verständigt.

Immer dringlicher werden indes auch die Stimmen, die im Bereich Klimaschutz ein stärkeres Engagement von Greenpeace zu Verkehrsfragen fordern. Nachdem die Umweltorganisation in der angesprochenen Plakatkampagne auch VW-Chef Ferdinand Piech angreift (»Ferdinand, der Klimafeind – Sparmobile predigen, aber Spritsäufer bauen«), sind auch konstruktive Lösungsalternativen gefragt. Neben Kampagnen für das Drei-Liter-Auto will Greenpeace in einem Modellversuch in Schwerin eine Verkehrssituation schaffen, in der das Auto seine Vorrangstellung vor Fußgängern und dem öffentlichen Verkehr verliert. Mit einer Kampagne zum Thema Car-Sharing in Berlin soll darauf hingewiesen werden, daß das Teilen eines Autos Streckenkilometer und damit CO_2-Emissionen verringern kann.

Trotz erheblicher finanzieller Probleme gelingt es Greenpeace, sich mit einigen Schwerpunktkampagnen im Rampenlicht der Medien und damit der Öffentlichkeit zu halten. Zwar muß die Umweltorganisation Anfang der neunziger Jahre erstmals Kürzungen des internationalen Etats vornehmen, sogar Mitarbeiter entlassen, verliert in der öffentlichen Diskussion aber deshalb nicht an Bedeutung.

IV. Aufbau und Organisation

1. Greenpeace International

Geburten sind zuweilen schwierig. Doch eine besonders pikante Situation entsteht, wenn das Kind später nicht einmal weiß, an welchem Tag es das Licht der Welt zum ersten Mal erblickte: Wann soll es denn nun eigentlich seinen Geburtstag feiern? So ergeht es der weltweit tätigen Umweltschutzorganisation Greenpeace. Die Väter – eine Mutter gibt es nicht – vergaßen schlichtweg, ein Stammbuch anzulegen. So kommt es, daß das Kind in seinen Unterlagen einmal 1970, ein andermal 1971 als Geburtsjahr angibt; auch der Tag oder der Monat des freudigen Ereignisses liegen völlig im Dunkeln.

Als Keimzelle gilt das Jahr 1970. Der ehemalige Raketenkonstrukteur Jim Bohlen gründete mit dem Quäker Irving Stowe und dem Studenten Paul Cote in der westkanadischen Metropole Vancouver das »Don't make a wave-committee«. Ihr Ziel: Das Ende der unterirdischen Atomtests der USA auf der vor Alaska liegenden Aleuten-Insel Amchitka.

Den Vätern gefiel der Name ihres Kindes schon bald nicht mehr. Zu behäbig, zu wenig aussagekräftig schien er ihnen – ein neuer mußte her. Der fand sich Anfang 1971: Die Greenpeace Foundation, oder einfach kurz Greenpeace. Sinn und Zweck der Stiftung bestand in der Aufgabe, sich für Abrüstung und Umweltschutz einzusetzen. Nachdem die amerikanische Regierung ihren Verzicht auf weitere Atombombentests auf den Aleuten-Inseln erklärt hatte, war für den ersten Vater, Jim Bohlen, der Zweck von Greenpeace erfüllt; er kehrte der Gruppe den Rücken. Von Paul Cote war zu der Zeit auch schon nichts mehr zu hören. So blieb einzig Irving Stowe von den Ur-Vätern übrig. Doch bald machte die Gruppe die Bekanntschaft eines Mannes, der später ihr Adoptivvater werden sollte: David McTaggart. Er hißte 1972 erstmals für Greenpeace die Segel seiner Yacht *Vega*.

Nach dem Tod von Irving Stowe im Oktober 1974 übernahm die Gruppe um Bob Hunter das Ruder, die nicht mehr nur gegen Atombombentests, sondern ebenso leidenschaftlich gegen Walfang und Robbenjagd protestieren wollte. Noch herrschte ein regelrechtes Chaos bei den Greenpeacern, eine ordentliche Buchführung gab es ebensowenig wie eine kontinuierliche Mitgliederbetreuung. Um die Arbeit professioneller zu gestalten, wählte man 1976 einen offiziellen Vorstand mit Bob Hunter als Vorsitzenden. Ein Büroleiter kümmerte sich nun um die Buchhaltung, Werbung und Öffentlichkeitsarbeit. In Kanada, den USA, Australien und Neuseeland hatten sich zu der Zeit bereits viele Gruppen gebildet, die sich nach dem Vorbild von Vancouver Greenpeace nannten.

Viel Glück war Bob Hunter nicht beschieden: Innerhalb der Gruppe tobten heftige Kämpfe um Strukturen und Positionen. Bei einem personellen Revirement trat Hunter im April 1977 vom Vorsitz zurück; sein Amt übernahm Patrick Moore. Er wollte Ordnung in das Chaos bringen und eine straffe Struktur einführen. Die Initiative befand sich in extremen Geldschwierigkeiten. Gegenüber den anderen Greenpeace-Gruppen bestand der neue Vorsitzende auf seinem Führungsanspruch. Doch dagegen liefen die US-Büros Sturm, die in bester »Graswurzeltradition« basisdemokratisch organisiert waren. Anweisungen aus Kanada wollten sie nicht befolgen. Der Streit gipfelte darin, daß die Gruppe Vancouver die Gruppe San Francisco wegen Verstoßes gegen Markenschutzabkommen zur Räson bringen wollte. Die legte daraufhin eine Verleumdungsklage ein.

Nun trat David McTaggart wieder auf den Plan und nahm das Heft in die Hand. Die Aktionen von Greenpeace hatten seinen Gefallen gefunden, und so initiierte er im Jahre 1977 die Gründung von Greenpeace-Büros in Großbritannien und Frankreich.

Bevor der Streit zwischen den Greenpeacern eskalieren konnte, erwirkte McTaggart einen Vergleich zwischen den Streithähnen: Die europäischen Büros beglichen die Schulden des Büros von Vancouver, und man einigte sich darauf, eine neue Dachorganisation zu gründen. Sie hieß nun Greenpeace International (GPI) und wurde 1979 als gemeinnützige Stiftung unter dem Namen Stichting Greenpeace Council bei der Handelskammer in Amsterdam eingetragen. Die Niederlande suchte man wegen ihrer liberalen Grundhaltung aus. McTaggart wählten die grünen Helden zum Vorsitzenden von GPI.

Nun könnte man sich darüber streiten, ob die Geburt 1970, 1971 oder gar erst 1979 stattfand. Letztendlich könnte nur das Stammbuch diese Frage klären. Doch das ist erst noch zu schreiben: Eine offizielle, lückenlos aufklärende Chronik von Greenpeace gibt es bisher nicht.

Die Strukturen

Unter der Führung des einstigen Managers David McTaggart wuchs Greenpeace zu der schlagkräftigen Organisation heran, die heute weltweit für ihre Aktionen bekannt ist. Mittlerweile gibt es 30 Greenpeace-Sektionen, vorwiegend in den Industriestaaten. Unter dem Dach von Greenpeace International vereinigten sich 1979 die Büros von Kanada, den USA, Australien, Neuseeland, Frankreich und Großbritannien. Schon bald folgten Gründungen in den Niederlanden, Deutschland und Dänemark (alle 1980). Seitdem entstanden Sektionen in Österreich und Schweden (1983), der Schweiz (1984), Argentinien, Spanien, Luxemburg und Italien (1986), Irland (1987), Norwegen (1988), UdSSR/Rußland,

Struktur von Greenpeace International

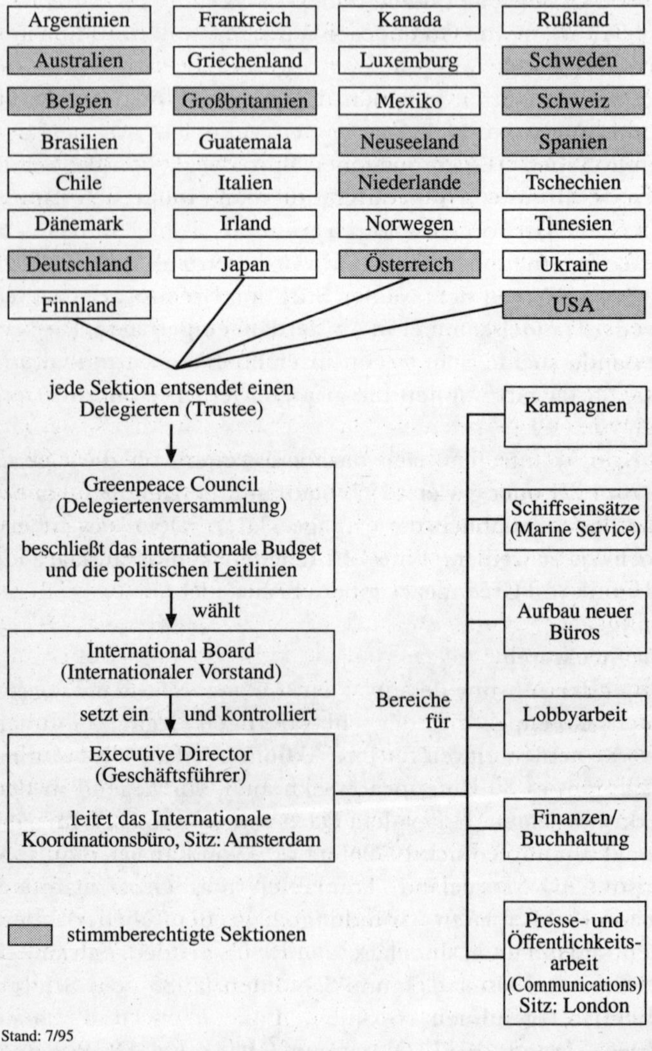

Japan und Finnland (1989), Brasilien und der Ukraine (1990), Chile, Guatemala (für Zentralamerika), Griechenland und Tunesien (1991). Die jüngsten Länderfilialen eröffneten 1992 in Mexiko und CSFR/Tschechien. Einige Sektionen unterhalten mehrere Zweigbüros, so die kanadische und US-amerikanische. Geplant sind auch Gründungen in Malta und China.

Formal agiert jede Sektion selbständig. Doch die hierarchische Struktur schließt es gänzlich aus, daß ein Land aus der Reihe tanzt.

Das höchste Gremium ist der Greenpeace Council (Rat), in den jede der 30 Sektionen einen Delegierten entsendet, den sogenannten Trustee. Wer in diesen Führungszirkel gelangen darf, bestimmen die nationalen Sektionen nach einem strengen Auswahlverfahren, das die Gesinnung und das bisherige Engagement bei Greenpeace prüft. Die penible Auslese hat ihren Sinn: Sollte es einem verdeckten Mitarbeiter von der anderen Seite gelingen, sich Zugang zu Internas oder Informationen über geplante Aktionen zu verschaffen, dann würde Greenpeace schnell auf Grund laufen.

Bei der in der Regel im Herbst stattfindenden Jahreshauptversammlung (Annual Greenpeace Meeting, AGM) formulieren die Delegierten die politischen Leitlinien der Organisation, beschließen die Kampagnen und den Etat der Dachorganisation für das kommende Jahr. Der Council stimmt mit Mehrheit ab; nach Möglichkeit soll es Konsensbeschlüsse geben. Doch die 30 Trustees sind nicht Gleiche unter Gleichen: Abstimmen dürfen nur die, deren Sektionen ein Viertel ihrer Einnahmen an die GPI-Zentrale abführen. Bei der AGM im Jahre 1994 erfüllten elf Sektionen diesen Anspruch: Australien, Belgien, Deutschland, Großbritannien, Neuseeland, die Niederlande, Österreich, Schweden, Schweiz, Spanien und die USA. Sie finanzieren nicht nur ihre eigene und die Arbeit der GPI-Zentrale, sondern subventionieren über den GPI-Haushalt auch die anderen 19 Sektionen, deren Einnahmen die Ausgaben nicht decken. Dazu zählen nicht nur die Büros in Osteuropa und Lateinamerika, sondern auch einige in wohlhabenden Industriestaaten. Weil sich gegen das Prinzip »Wer zahlt, schafft an« Unmut in der Greenpeace-Gemeinde regt, ist ein demokratischeres Stimmrecht im Gespräch. Einen Entscheid darüber vertagte die Jahreshauptversammlung im Herbst 1994 jedoch erst einmal.

Als Arbeitsgremium wählt der Council den Internationalen Vorstand (International Board, IB), der gegenüber dem Council ein Vetorecht besitzt und dessen Beschlüsse ratifizieren muß. Sitz des Vorstands ist Amsterdam; bis 1989 war es die britische Kleinstadt Lewes. Der Vorstand hat sechs Mitglieder, die die Vielfalt der in der Organisation vertretenen Kontinente und Kulturen repräsentieren sollen. Als siebtes Mitglied ernennen diese sechs eine/n Vorstandsvorsitzende/n. Von 1979 an hatte David McTaggart diese Position inne, er war unangefochten der mächtigste Greenpeacer. Das spürten die Vorstandsmitglieder schnell: Anfangs konnte jeder von ihnen sein Veto gegen einen Beschluß einlegen. Weil deshalb für McTaggart wichtige Entscheidungen nicht zustande kamen, änderte man das Stimmrecht. Seitdem stimmt der Vorstand mit Mehrheit ab. Anfang September 1991 trat »McT«, wie ihn die Greenpeacer ehrfürchtig nennen, überraschend zurück, um künftig unter der Sonne Umbriens auf einem eigenen Gut einen Olivenhain zu pflegen – ökologisch versteht sich. Greenpeace kürte ihn flugs zum Ehrenvorsitzenden, als der er noch heute großen Einfluß auf die Organisation ausübt.

Seine Nachfolge trat der finnische Rechtsanwalt Matti Wuori an – er gab sie allerdings ein Jahr später bereits wieder auf. Im Februar 1993 übernahm die Deutsche Uta Bellion als erste Frau in der ansonsten von Männern dominierten Organisation diese Position. Ihre reguläre Amtszeit von drei Jahren endet Anfang 1996. Wie Bellion angekündigt hat, will sie sich nicht um eine zweite Amtszeit bewerben.

Für die GPI-Zentrale ernennt der Internationale Vorstand einen Geschäftsführer (Executive Director, ED), den er auch kontrolliert. Seit 1. September 1995 besetzt der Deutsche Thilo Bode dieses Amt. Den bis dahin amtierenden Geschäftsführer von Greenpeace Deutschland holte man vor allem, um die angeschlagene Finanzsituation der Organisation zu verbessern. Seinem Vorgänger Paul Gilding, der das Amt im Februar 1993 übernommen hatte, war dies nicht gelungen. Um die Neubesetzung des Postens gab es ein heftiges Gerangel – so manche Sektion befürchtet einen noch größeren Einfluß der deutschen Greenpeacer. Doch die zahlenden und damit stimmberechtigten Sektionen drückten Bode durch.

Die vom ED geleitete Greenpeace-Zentrale in Amsterdam bildet den Dreh- und Angelpunkt der Organisation. Hier laufen das Jahr über alle Fäden zusammen. Das Internationale Koordinationsbüro unterteilt sich in verschiedene Ressorts, denen jeweils Direktoren vorstehen.

Mit Ausnahme des Ressorts für Presse- und Öffentlichkeitsarbeit (Greenpeace Communications), das seinen Sitz in London hat, sind alle in Amsterdam angesiedelt. Dazu gehören die Ressorts für

- Kampagnenarbeit (Campaigns),
- den Einsatz der Greenpeace-Flotte (Marine Services),
- Lobbyarbeit und wissenschaftliche Studien (Strategic-Economic-Politic-Science, STEPS),
- den Aufbau und die Betreuung neuer Büros (Development)
- sowie die Finanz- und Buchhaltung.

Greenpeace widmet sich vier großen Bereichen: Atom, Energie, Abrüstung (Stop the Nuclear Industry), Artenvielfalt (Maintain Biodiversity), Chemie (Stop the Toxic Pollution) und Atmosphäre, Klima (Protect the Climate). Der Greenpeace-Council beschließt die konkreten Kampagnen, für die jeweils ein Koordinator (Campaigner) zuständig ist, innerhalb dieser Bereiche. Im Rahmen einer Kampagne führen die Umweltschützer die begleitende Öffentlichkeitsarbeit durch, mit der sie auf ein Umweltproblem aufmerksam machen wollen. Das Herzstück bilden die Aktionen, die die Organisation so bekannt gemacht haben. Entwickelt eine Sektion die Idee für eine solche Aktion, wie etwa die Besetzung der Plattform Brent Spar im Mai 1995, so muß diese mit dem zuständigen Campaigner in Amsterdam und den anderen betroffenen Sektionen abgesprochen werden. Welches Büro was macht, wird exakt festgelegt, um die Arbeit zu bündeln und einen größtmöglichen Erfolg zu erzielen.

Bei Aktionen auf dem Wasser kommen die Schiffe von Greenpeace zum Einsatz. Zu der kleinen Streitmacht gehören ein halbes Dutzend Boote: die *MV Greenpeace*, die *Rainbow Warrior II*, die *MV Solo*, die *Sirius*, die *MS Beluga* (das schwimmende Labor) und die *Moby Dick*. Ihre Einsätze koordiniert der Marine Service. Mit Ausnahme der *Beluga*, dem ›Hausboot‹ der deutschen Sektion, kommt Greenpeace International für den Unterhalt der Schiffe und Besatzungen auf. Jedes Boot ist bei einer Sektion beziehungsweise einem Land registriert: Die *Beluga* und *Moby Dick* fahren unter deutscher Flagge, die *Rainbow Warrior* unter neuseeländischer und die *MV Greenpeace*, *MV Solo* und die *Sirius* unter niederländischer.

Neben den schwimmenden Bastionen besitzen die grünen Kämpfer noch einen Hubschrauber und einen Heißluftballon. Nicht nur zu Wasser und in der Luft – auch am Boden zeigt sich Greenpeace mobil: Ein von den österreichischen Greenpeacern umgebauter Gelenkbus dient als fahrbarer Stützpunkt; an Bord befindet sich ein modernes Labor, mit dem sich Wasserproben untersuchen lassen. In der Garage von Greenpeace steht des weiteren ein Luftmeßbus mit dem sinnigen Namen »Rudi Rüssel«. Für die Lobbyarbeit auf politischer Bühne ist bei Greenpeace International das Ressort STEPS zuständig. Hinter den Kulissen der Macht, bei Regierungen, internationalen Organisationen und Konferenzen, versuchen Greenpeacer ihren Einfluß geltend zu machen. Als sogenannte Nichtregierungsorganisation (NRO) hat Greenpeace Beraterstatus beim Wirtschafts- und Sozialrat der Vereinten Nationen (ECOSOC) und bei der Europäischen Union (EU), muß also bei umweltrelevanten Initiativen um eine Stellungnahme gebeten werden. Eigene Büros in New York und in Brüssel sorgen für den schnellen Draht zwischen den beiden wichtigen Schaltstellen und der GPI-Zentrale. Bei rund 20 Konferenzen kann Greenpeace als Beobachter teilnehmen, so etwa bei der Basel-Konvention (Kontrolle des internationalen Müllexports), dem CITES-Abkommen (Kontrolle des internationalen Handels mit bedrohten Tierarten) oder der Wiener Konvention (Schutz der Ozonschicht).

Hervorragend informiert zu sein, ist nicht nur für die Lobbyarbeit von Greenpeace ausschlaggebend. Die meisten der Informationen erhalten die Mitarbeiter aus öffentlich zugänglichen Quellen. In der GPI-Zentrale und den Länderbüros werden dazu kontinuierlich Medien ausgewertet, Datenbanken abgefragt und Bibliotheken genutzt. So manche brandheißen Tips bekommen die Umweltschützer zudem durch Mitarbeiter von Regierungen, Organisationen und Unternehmen. In Anlehnung an den US-Geheimdienst bezeichnete der Direktor von GP-Communications, Richard Titchen, das Informantennetz als »Intelligence Network«. »Wir sind der grüne CIA«, erklärte er stolz gegenüber dem österreichischen Journalisten Bernhard Knappe bei dessen Buchrecherchen. Das konservative österreichische Umweltmagazin *a3 Umwelt* interpretierte prompt zuviel in diesen Spruch hinein und bezichtigte Greenpeace der Regierungsspionage.

Greenpeace selbst ist jedoch längst Ziel von Spionen. Den tragischsten Beweis dafür lieferte der französische Auslandsgeheimdienst 1985 mit dem Sprengstoffanschlag auf die *Rainbow Warrior.* Naheliegenderweise trug das Ereignis dazu bei, daß Greenpeace daraufhin die Sicherheitskontrollen verschärfte. So informiert man in den offiziellen Broschüren auch nur oberflächlich über interne Strukturen und Arbeitsweisen.

Die Kommunikation

Seine Presse- und Öffentlichkeitsarbeit betreibt Greenpeace mit größter Perfektion. Gute Kontakte zu Journalisten sind dazu unerläßlich. Die Reporter, die etwa von Bord eines Greenpeace-Schiffes berichten dürfen, werden handverlesen. Beste Arbeitsbedingungen stehen ihnen zur Verfügung: Die großen Schiffe sind mit modernsten Kommunikationsmitteln ausgestattet, um von Bord aus Fotos und Filme überspielen zu können. Für PR-Zwecke schickt Greenpeace auch eigene Fotografen und Kameraleute los, um dann den Medien das Bildmaterial anzubieten.

Neben dem Erstellen von Broschüren, Videos und Fotos koordiniert Greenpeace-Communications die Pressearbeit der einzelnen Länderbüros. In London laufen auch die Stränge eines ganz besonderen Informationssystems zusammen, das den bezeichnenden Namen »Media Attack« trägt, wie der Journalist Bernhard Knappe herausgefunden hat. Sinn und Zweck von Media Attack bestehen darin, unangenehme, weil allzu kritische oder verleumderische Berichte in den Medien möglichst zu verhindern. Installiert wurde dieses Alarmsystem nach einigen nicht sehr schmeichelhaften Berichten, die 1991 erschienen (u. a. der *Spiegel*-Titel »Geldmaschine Greenpeace«). Alle Sektionen sind mit diesem Computersystem verbunden. Erhält ein Büro Kenntnis darüber, daß ein Journalist an einem ›schlechten‹ Bericht bastelt, soll die Pressezentrale in London unterrichtet werden. In Absprache mit dem jeweiligen Büro wird dann geklärt, wie man dem entgegenwirken kann, etwa durch erneute Kontaktaufnahme mit dem Störenfried. Nähere Einzelheiten, etwa ob das System noch in Betrieb ist, mag man bei Greenpeace nicht mitteilen.

Die Finanzen

Der Etat für die Arbeit der Greenpeace-Zentrale belief sich 1994 auf 51,2 Millionen D-Mark. Finanziers sind die stimmberechtigten Sektionen, die ein Viertel ihrer Einnahmen an Amsterdam abführen. Der mit Abstand größte Beitragszahler ist Greenpeace Deutschland: 22 Millionen D-Mark oder 43 Prozent der GPI-Einnahmen kamen 1994 von hier.

Weil in einigen Ländern die Spenden nicht mehr so kräftig sprudeln wie noch vor wenigen Jahren, beschlossen die Greenpeace-Delegierten bei ihrem Treffen Anfang November 1994 drastische Sparmaßnahmen: Sie kürzten den GPI-Etat für 1995 um drei Millionen auf 28,6 Millionen US-Dollar. Im Vorfeld der Übernahme der Amtsgeschäfte durch Thilo Bode war zu hören, daß noch weit radikalere Einschnitte zu erwarten seien. So sollen sich die Büros in den Industriestaaten künftig selbst tragen beziehungsweise die Ausgaben reduzieren. Vorbei sind erst einmal die Zeiten, als Greenpeace 1991 weltweit mit Einnahmen von 177 Millionen US-Dollar Rekordsummen verzeichnen konnte. Nach Angaben der Organisation haben sich die Spenden seitdem bei 140 Millionen US-Dollar eingependelt. Diese immer noch stolze Summe kam durch die Spenden der etwa 4,5 Millionen Förderer zusammen. Die Gemeinde der Unterstützer wuchs rasch: 1976 zählte Greenpeace gerade einmal 10.000 Spender, 1980 schon 90.000 und 1985 war die erste Million erreicht. Den Spitzenstand verzeichnete man 1990 mit annähernd fünf Millionen Förderern weltweit. Besonders in den USA mußte die Organisation seitdem herbe Verluste verbuchen. Die patriotischen Amerikaner verübelten der Umweltorganisation ihr Engagement gegen den Golfkrieg.

Am direktesten bekamen die Mitarbeiter der GPI-Zentrale die neuen Verhältnisse zu spüren: Etwa 80 von ihnen verloren nach dem Spar-Council im Herbst 1994 ihren Job, allerdings gab es einen Sozialplan für sie. Weltweit zählte die Organisation Mitte 1995 noch etwa 1.050 hauptamtliche Mitarbeiter.

Greenpeace International Finanzen 1994

Einnahmen

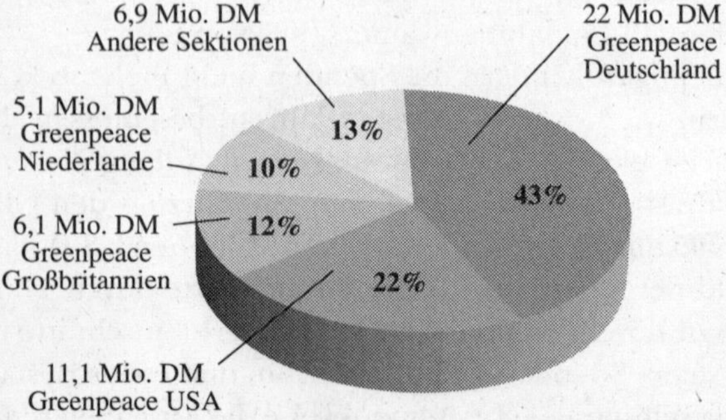

Gesamt: 51,2 Mio. DM

Ausgaben

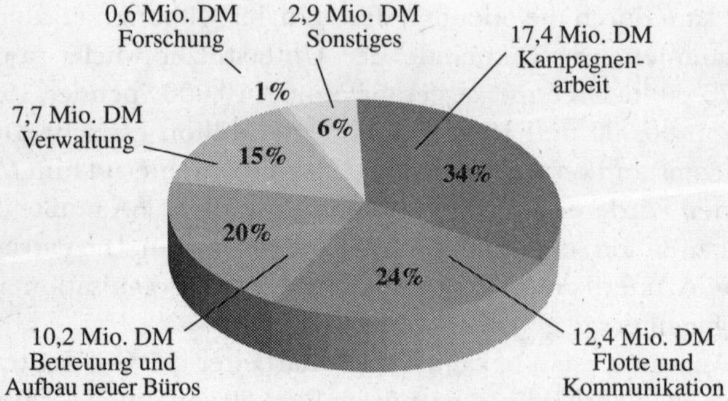

Gesamt: 51,2 Mio. DM

Quelle: Greenpeace e.V.

So mancher von diesen beteiligt sich an den legendären Aktionen und prescht im Schlauchboot übers Wasser, besetzt Plattformen oder klettert auf Gerüste und Schornsteine. Versichert sind die Aktionisten bei ihren oft waghalsigen Stunts nicht, im Falle eines Falles übernimmt Greenpeace jedoch die Kosten für Rechtsanwälte und sonstige Auslagen. Für ihre teilweise sehr gefährlichen Jobs erhalten die Greenpeacer eine intensive Ausbildung. Dazu gehören Erste-Hilfe-Maßnahmen genauso wie Kurse, in denen das Auftreten gegenüber den Medien geübt wird. Spektakuläre Aktionen, die über die Medien eine breite Öffentlichkeit erreichen – darin liegt das Erfolgsgeheimnis von Greenpeace.

2. Greenpeace Deutschland

Nicht ganz so chaotisch wie in Kanada verlief die Gründung von Greenpeace Deutschland. Doch weil es so gut paßt, hat auch diese Geschichte eine Vorgeschichte: Greenpeace ging hervor aus der Metamorphose des am 9. August 1979 gegründeten Vereins zur Rettung von Walen und Robben mit Sitz in Bielefeld. Nach Gesprächen mit David McTaggart und Kollegen von Greenpeace International benannte man den Verein am 15. April 1980 in Greenpeace um. Wenige Wochen nach der ersten großen Aktion in Deutschland im Oktober 1980 erfolgte am 18. November 1980 schließlich der Eintrag ins Hamburger Vereinsregister. Die GPI-Zentrale hatte entschieden, den Sitz von Bielefeld nach Hamburg zu verlegen. Der Hafen und die in der Stadt ansässigen Medien versprachen bessere Arbeits- und Aktionsmöglichkeiten.

Mit einem Kredit von 15.000 D-Mark von Greenpeace International und der Schützenhilfe von den niederländischen Kollegen ging es ans Werk. Nicht zuletzt auf Drängen der GPI-Zentrale sollten straffe Strukturen und ein geregelter Organisationsablauf dafür sorgen, daß sich die deutsche

Sektion in die hierarchische Struktur der Familie einfügte. Doch dagegen regte sich Widerstand unter manchen Mitarbeitern. Die Wogen glätteten sich erst wieder, nachdem es zur Spaltung gekommen war: 1982 verließen einige Greenpeacer den Verein, um mit Robin Wood künftig die gleichen Ziele zu verfolgen, im Gegensatz zum Vorbild jedoch mit basisdemokratischen Strukturen. Die anderen blieben »entschlossen, in einer klareren, weniger familiären Form effektiv zu arbeiten«, wie es in einer Greenpeace-Broschüre zum 10. Geburtstag aufschlußreich heißt. Anfangs machten sich beide Gruppen noch die Schornsteine streitig, doch die Zwietracht wich im Laufe der Jahre einem konzilianteren Umgangston. Heute arbeiten sie auch gelegentlich zusammen.

Das derzeitige Domizil der Geschäftsstelle ist eine ehemalige Herberge für arbeitslose Seefahrer. Im Frühjahr 1996 will das deutsche Büro in ein neues Haus umsiedeln, um alle deutschen Greenpeacer unter einem Dach zu vereinigen: Ein gänzlich nach ökologischen Maßstäben errichteter Neubau, in dem Greenpeace dann Mieter ist.

Die zahlreichen Aktionsmittel, wie Schlauchboote, Tauchanzüge und Transparente, sind in einem eigenen Lager untergebracht. Weil das alte am Hamburger Hafen dafür zu klein wurde, errichtete Greenpeace ein neues Lager in Hamburg-Wilhelmsburg. Im April 1994 nahmen die Lagerverwalter ihre Arbeit in dem Gebäude auf. Hier können sie mit umweltfreundlich erzeugter Energie ans Werk gehen: Die an der Fassade angebrachten Solarzellen wandeln den Hamburger Sonnenschein in Strom um.

Die Strukturen

»Zweck des Vereins ist es,« so die Satzung, »als international tätige ökologische Organisation die globalen Probleme der Umwelt bewußt zu machen und die Zerstörung der natürlichen Lebensgrundlagen von Menschen, Tieren und Pflanzen zu verhindern; darüber hinaus nimmt Greenpeace die

Interessen der Verbraucher wahr.« Über 500.000 Mitglieder ermöglichen dies in Deutschland mit ihren Spenden. Doch haben sie keinen großen Einfluß, denn jeder von ihnen ist lediglich Fördermitglied. Als solches gilt, wer »sich zum Vereinszweck bekennt und einen regelmäßigen Beitrag leistet«, so die Satzung. Zwar besitzen sie das Recht, »Vorschläge zu Aktivitäten des Vereins zu machen und Informationen zu erhalten«, den Kurs der Organisation bestimmen können sie nicht. Das bleibt den stimmberechtigten Mitgliedern vorbehalten. Diesen Status erhält nur, wer »in der Vergangenheit bewiesen hat, daß er sich aktiv für die Ziele von Greenpeace und ihre Verwirklichung nach Maßgabe der von der ›Stichting Greenpeace Council‹ getroffenen Richtlinien einsetzt«. Gegenwärtig gibt es 36 stimmberechtigte Mitglieder; vier weitere werden gesucht, um die »Wunschzahl« 40 zu erreichen. Ein Viertel stellen Gesandte von der GPI-Zentrale und anderen Sektionen. Somit ist dafür gesorgt, daß man in Amsterdam und anderswo über die deutschen Greenpeacer auf dem laufenden ist. Je ein weiteres Viertel stellen aktive Mitglieder von Kontaktgruppen, Mitarbeiter/innen des Vereins und »sonstige natürliche Personen«. Die Kontaktgruppen, die an der Basis ehrenamtlich für Greenpeace arbeiten, sind erst seit November 1992 in dem höchsten Gremium vertreten.

Eine Mitgliederversammlung findet mindestens einmal im Jahr statt. Bei den Abstimmungen verfügt jedes Mitglied über eine Stimme. Für normale Anträge gilt die einfache Mehrheit der anwesenden Stimmen, für Satzungsänderungen eine Mehrheit von drei Vierteln und für eine Änderung des Vereinszwecks sowie zur Auflösung des Vereins ist eine Mehrheit von neun Zehnteln erforderlich.

Die Mitglieder wählen den Aufsichtsrat von Greenpeace; bis zu einer Satzungsänderung im November 1992 hieß dieser »Vorstand«. Die Dauer des Amts beträgt zwei Jahre, Wiederwahl ist möglich. Der ehrenamtlich tätige Vorstand besteht aus drei bis sieben Personen; es darf sich dabei nicht

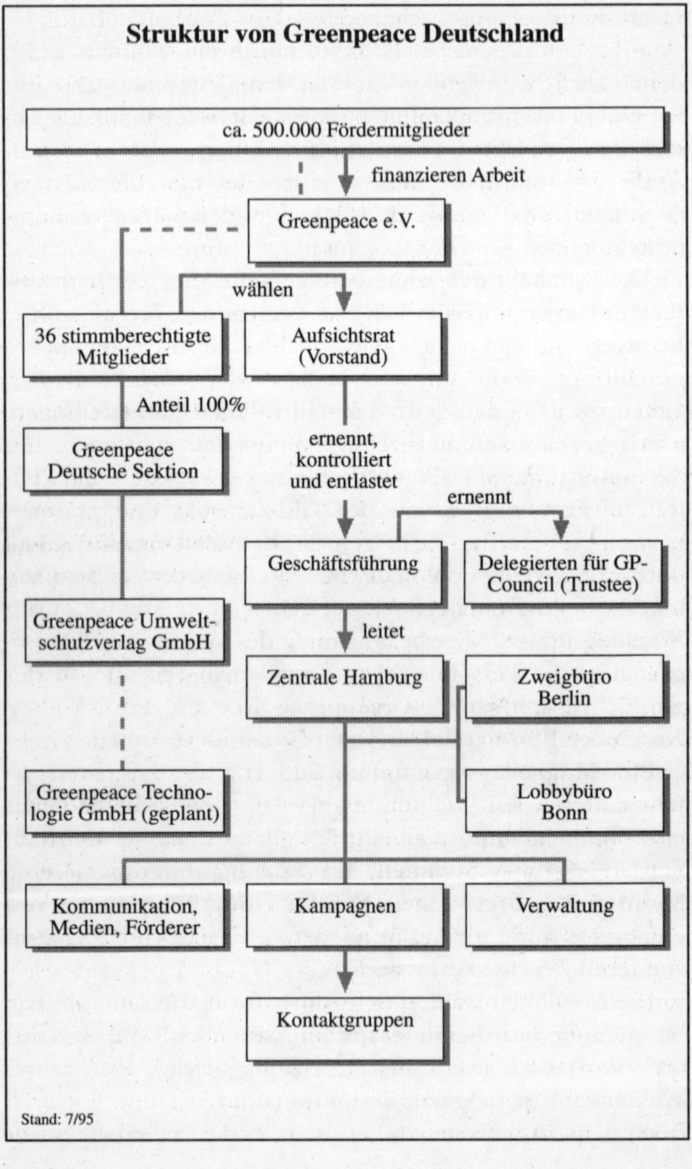
Struktur von Greenpeace Deutschland
ca. 500.000 Fördermitglieder
finanzieren Arbeit
Greenpeace e.V.
wählen
36 stimmberechtigte Mitglieder
Aufsichtsrat (Vorstand)
Anteil 100%
Greenpeace Deutsche Sektion
ernennt, kontrolliert und entlastet
ernennt
Geschäftsführung
Delegierten für GP-Council (Trustee)
Greenpeace Umweltschutzverlag GmbH
leitet
Zentrale Hamburg
Zweigbüro Berlin
Lobbybüro Bonn
Greenpeace Technologie GmbH (geplant)
Kommunikation, Medien, Förderer
Kampagnen
Verwaltung
Kontaktgruppen
Stand: 7/95

um stimmberechtigte Mitglieder oder Mitarbeiter handeln. Innerhalb des Aufsichtsrats gibt es eine starke Fluktuation, denn jährlich werden bis zu vier Mitglieder neu gewählt. So sind im Ernstfall mißliebige Räte schneller auszuwechseln. Zwar entscheidet der Rat formell, wer in den erlesenen Zirkel der stimmberechtigten Mitglieder neu hinein darf; er muß sich dafür aber das Plazet der Mitgliederversammlung holen.

Als Exekutive setzen die Aufsichtsräte die Geschäftsführung ein und kontrollieren diese. Von Herbst 1989 bis zum 1. September 1995 war Thilo Bode Geschäftsführer von Greenpeace Deutschland (Monatsgehalt: 10.000 D-Mark). Dessen Managerqualitäten sind bei Greenpeace gefragt: Er fungiert inzwischen als Geschäftsführer von Greenpeace International in Amsterdam. Dem Geschäftsführer untersteht die Zentrale in Hamburg, das seit 1990 bestehende Zweigbüro in Berlin (nach der Wende gab es für kurze Zeit eine DDR-Sektion) und ein 1992 in Bonn eröffnetes Büro, das Lobbyarbeit bei den politischen Gremien betreibt.

Die Belegschaft der hauptamtlichen deutschen Greenpeacer ist schnell gewachsen. Waren in den Gründertagen nur Ehrenamtliche am Werk, so engagierte Greenpeace 1982 erstmals fünf Angestellte. Den höchsten Mitarbeiterstand erreichte die deutsche Sektion 1992 mit 134 hauptamtlich Beschäftigten. Um die Kosten zu senken, strich man den Stellenplan jedoch zusammen. Im Juli 1995 waren nur noch 111 Greenpeacer angestellt, 98 davon in Hamburg, zwölf in Berlin und einer in Bonn. Die Kündigungen verliefen nicht immer problemlos. So gab es mitunter unsanfte Entlassungen. Weil Vereine wie etwa Kirchen Tendenzbetriebe sind, kann sich Greenpeace das leisten – trotz Betriebsrat. Für internen Gesprächsstoff sorgt auch das Geschlechterverhältnis. Zwar stellen nach Auskunft der Pressestelle die Frauen inzwischen mit rund 60 Prozent die Mehrheit des Personals. Doch so manche Greenpeacerin würde es gerne sehen, wenn sich auch die Arbeitsstrukturen stärker an weiblichen Sichtweisen ausrichten würden. Dafür setzt sich eine Frauengruppe namens Marfalda ein.

Das Fußvolk von Greenpeace sind die ehrenamtlichen Mitarbeiter, die in den 80 Kontaktgruppen arbeiten. In ihnen können sich die Fördermitglieder vor Ort engagieren, etwa 2.000 machen davon Gebrauch. Ob in München, Leipzig oder Köln: Sie sammeln Spenden, halten Vorträge, stehen an Infoständen und beteiligen sich an lokalen Aktionen. Die Auslagen für Miete, Porto, Telefongebühren und Büroutensilien erhalten sie nur zum Teil mit einem Pauschbetrag erstattet. Extras gibt es nur nach Absprache. In speziellen Kursen erhalten sie Informationen über die Strukturen und Kampagnen von Greenpeace, werden in Rhetorik geschult und angeleitet, wie Aktionen durchzuführen sind. Vor Ort bilden sie mit ihrer Basisarbeit »ein unverzichtbares Standbein von Greenpeace«, so die Organisation. Doch erst seit 1992 sind sie in der Mitgliederversammlung vertreten. Dieses Zugeständnis war eine Reaktion auf die anhaltende Kritik, daß Förderer die Geschicke des Vereins nicht mitbestimmen können. Jetzt haben zumindest neun der 2.000 aktiven Förderer die Möglichkeit dazu.

Zwei weitere aktive Gruppen gibt es erst seit wenigen Jahren: die Greenteams und die Greenpeace-Senioren.

Im August 1990 entstand das erste Greenteam: Eine Gruppe von fünf bis zehn Kindern und Jugendlichen »im besten Alter« zwischen zehn und 14 Jahren, die den großen Greenpeacern in nichts nachstehen wollen. Angeleitet von einem Erwachsenen und ausgestattet mit Arbeitshilfen von der Zentrale, spüren sie vor Ort Umweltsünder auf, üben sich in Öffentlichkeitsarbeit und schicken schon einmal ein Verhandlungsteam zu Unternehmern und Bürgermeistern. Die Sache kommt bei den »Greenis« an: Mittlerweile gibt es fast 1.600 Gruppen. Und wer weiß: Vielleicht sind darunter ja die Förderer von morgen.

Der Mann an der Spitze: Thilo Bode.

Eine neue Klientel hat sich Greenpeace mit den Senioren erschlossen. Frauen und Männer ab 55 Jahren, die sich nicht aufs Altenteil abschieben lassen wollen, recherchieren für den Verein, schreiben Protestbriefe und beteiligen sich bis ins hohe Alter an Aktionen. Etwa 250 rüstige Senioren engagieren sich auf diesem Weg für den Umweltschutz.

Die Förderer

Greenpeace sieht sich immer wieder dem Vorwurf ausgesetzt, der Kreis der stimmberechtigten Mitglieder sei eine geschlossene Gesellschaft; die Förderer dürften zwar bezahlen, aber nicht anschaffen. Greenpeace wendet dagegen ein, daß nur so die Einschleusung von ›U-Booten‹ verhindert werden könne. Außerdem bestünde die Gefahr, die konkrete Aktionslinie zu verlieren, wenn man den Finanziers größeren Einfluß einräumen würde. Aus Sicht der Umweltorganisation klingen diese Argumente einsichtig. Schließlich sind Kampagnen und Aktionen, wie Greenpeace sie durchführt, nur unter strenger Geheimhaltung vorzubereiten. Würden sie nach basisdemokratischen Verfahren beschloßen, wären sie von vornherein zum Scheitern verurteilt. Die Frage bleibt, ob nicht dennoch mehr Transparenz und Einfluß für die Förderer möglich wäre. So könnte die Mitgliederversammlung, die bislang unter Ausschluß der Öffentlichkeit stattfindet, in einen wenigstens für die in den Kontaktgruppen tätigen Förderer öffentlichen Teil und einen nicht-öffentlichen Teil gesplittet werden. Somit hätten die Finanziers zumindest die Möglichkeit, ihre Meinung vorzubringen – teure Umfragen könnte man auf diese Weise vermeiden. Doch selbst vor solch' geringfügigen Reformen scheut man zurück. Mit dem publikumswirksamen Auftritt von Gegnern müßte allerdings gerechnet werden. Doch wer dies bei anderen praktiziert, den dürfte das eigentlich nicht ins Wanken bringen. Auf einem ganz anderen Blatt steht freilich, ob die Förderer überhaupt Interesse an einem größeren Einfluß hätten. Schließlich: Wer die Strukturen nicht gutheißt, braucht auch kein Geld zu geben.

Das Defizit an demokratischer Mitbestimmung scheint ohnehin nicht allzu abschreckend zu wirken: Die Fördererzahlen stiegen in den ersten Jahren zunächst langsam von 1.500 (1981) auf 80.000 (1985), und verdreifachten sich zwischen 1986 und 1988 von 120.000 auf 420.000. Seitdem wuchs die Schar der Mitglieder zwar erheblich langsamer, aber dennoch kontinuierlich auf 507.000 an (1994).

Jahrelang wiesen die Greenpeace-Jahresberichte einen zu hohen Mitgliederstand aus. So hieß es z. B. in einer Broschüre, daß über 600.000 Mitglieder Greenpeace Deutschland im Jahr 1990 unterstützt hätten, wo es doch in Wirklichkeit 431.000 waren – immerhin 170.000 weniger. Der Grund: Bei den ansonsten so bestens ausgestatteten Umweltschützern kennzeichnete der Computer bis vor nicht allzu langer Zeit alle als Förderer, die im Zeitraum von 18 Monaten eine Spende auf das Konto von Greenpeace überwiesen hatten – und nicht wie gefordert alle zwölf Monate. Nach einem großen Reinemachen werden nun nur noch alle diejenigen als Fördermitglieder in den Unterlagen geführt, die mindestens einmal im Jahr einen Beitrag leisten. Entsprechend hochgegriffen waren zuweilen die in den Medien wiedergegebenen Zahlen. So behauptete der sich ansonsten seiner genauen Recherchen rühmende *Spiegel* 1991, Greenpeace hätte 700.000 Mitglieder – eine Zahl, die selbst in Greenpeace-Berichten nicht zu finden ist.

Die Finanzen

Förderndes Mitglied kann jeder werden, der die Ziele der Organisation unterstützt und einen jährlichen Beitrag leistet: mindestens 50 D-Mark (30 D-Mark ermäßigt), nach oben gibt es keine Grenzen. Der Verein ist darauf bedacht, daß er möglichst Einzugsermächtigungen erhält oder zumindest ein Dauerauftrag erteilt wird. Die Hälfte der derzeit etwa 500.000 Unterstützer macht davon Gebrauch. Somit kann sich die Organisation des Geldes sicher sein und entsprechend planen. Einen Vorteil haben die ansonsten nahezu rechtlosen Förderer: Sie können ihre Mitgliedschaft jederzeit ohne Fri-

Greenpeace Deutschland Finanzen 1994

Einnahmen

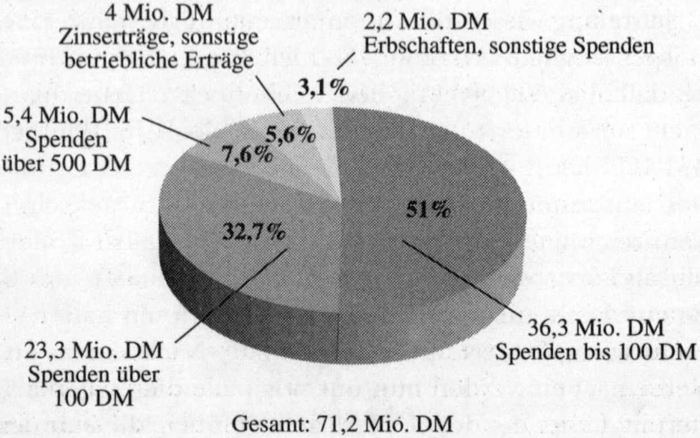

Ausgaben
(inklusive Einstellung in die Rücklagen)

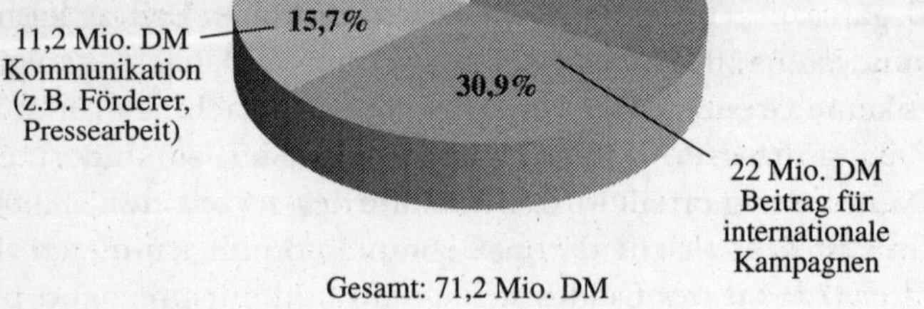

Quelle: Greenpeace e.V.

sten kündigen. Zweckgebundene Spenden, etwa für eine bestimmte Kampagne, sind nicht möglich. Damit soll verhindert werden, daß für einen Bereich mehr Geld als nötig in die Kasse kommt, während es bei einem anderen fehlt. Bei Spenden über 5.000 D-Mark prüfen die Greenpeacer, von wem das Geld stammt. Industrieunternehmen brauchen erst gar nicht zu spenden: »Ein Handwerksbetrieb kann uns gerne 500.000 Mark überweisen. Aber 10.000 Mark von Hoechst würden wir nicht annehmen«, erklärte Ex-Geschäftsführer Thilo Bode im Mai 1994 gegenüber dem *SZ-Magazin.*

Die Spendenwerbung betreibt Greenpeace mit größter Profession. In den Computern der Geldbeschaffer, den sogenannten Fundraisern, befinden sich die Anschriften von über einer Million Personen. Weitere Adreßbestände erhält die Fundraising-Abteilung von ausgesuchten Agenturen; Voraussetzung für eine Zusammenarbeit mit ihnen ist, daß die Agentur nicht für Gegner der Organisation arbeitet. Die potentiellen Spender erhalten Briefe, die über aktuelle Kampagnen von Greenpeace informieren und denen ein Zahl- und Überweisungsschein beiliegt. Durch diese sogenannten Direct-Mailings akquiriert Greenpeace neue Fördermitglieder.

Neben Erbschaften und Bußgeldern bilden die Gewinne der Greenpeace Umweltschutz Verlag GmbH eine weitere potentielle Einnahmequelle. Da sich gemeinnützige Vereine kommerziell nicht betätigen dürfen, gründete Greenpeace 1983 dieses Unternehmen mit den stimmberechtigten Mitgliedern als Gesellschaftern. Der Vertrieb von Postern, Buttons, Büchern, Kassetten und T-Shirts läßt die Kassen klingeln: 1984 betrug der Umsatz schon 2,2 Millionen D-Mark, 1990 waren es 12,8 Millionen D-Mark und 1994 kamen 15,8 Millionen D-Mark aufs Konto. Für die Nutzung des Namens Greenpeace zahlt der Verlag Lizenzgebühren an Greenpeace International, ebenso wie die Öko-Warenläden der anderen Sektionen. Der erwirtschaftete Gewinn hingegen geht zu 100 Prozent an den Verein – wenn es denn einen gibt: 1991 waren

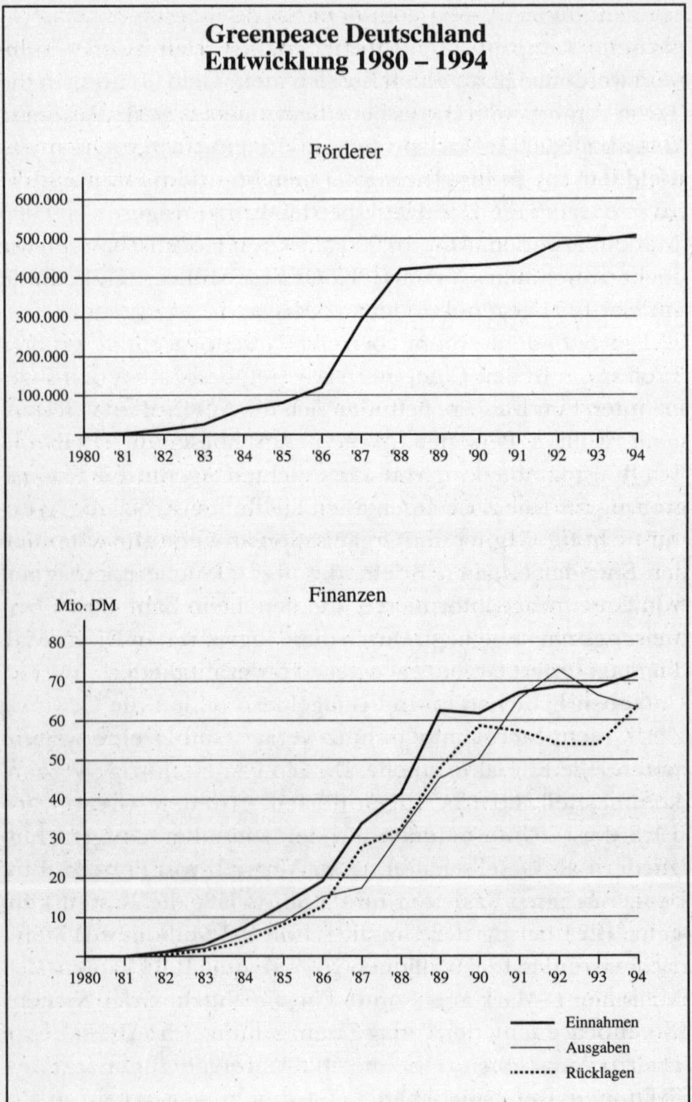

Quelle: Greenpeace e.V.

es noch 376.000 D-Mark, seitdem hat der Verlag an den Verein keine Gewinne ausgeschüttet. Beim Verein ist man froh, wenn man ihn nicht bezuschussen muß.

Der Verkauf der Utensilien bringt nicht nur finanzielle Vorteile: Jeder Artikel ist ein Werbeträger für die Organisation, der den Bekanntheitsgrad steigert – und damit mittelbar wiederum die Einnahmen von Greenpeace.

Summa summarum beliefen sich die Einnahmen von Greenpeace Deutschland 1994 auf 71,2 Millionen D-Mark – in der 14jährigen Geschichte das bisher beste Ergebnis. Gut 90 Prozent davon waren Spenden, der Rest Zinsen auf die Rücklagen, Erbschaften und sonstige betriebliche Erträge. Im ersten vollen Geschäftsjahr 1981 fielen die Einnahmen noch nicht ins Gewicht: Etwa 10.000 D-Mark kamen herein. Ein Jahr später überschritt der Verein schon die Millionengrenze. Besonders in der zweiten Hälfte der achtziger Jahre weist die Einnahmen-Kurve einen steilen Verlauf nach oben aus. Die Versenkung der *Rainbow Warrior* 1985, die Tschernobyl-Katastrophe 1986 und das Unglück beim Schweizer Chemiekonzern Sandoz förderten das Umweltbewußtsein und die Spendenbereitschaft – eine Erfahrung, die auch andere Umweltverbände machten.

Mit den Einnahmen hielten aber auch die Ausgaben Schritt: Von 0,9 Millionen D-Mark (1982) stiegen sie auf 8,8 (1985) und 49,9 Millionen D-Mark (1990). Im Jahr 1994 betrugen die Aufwendungen 62,7 Millionen D-Mark. Ein Drittel davon machten Kosten für die Kampagnenarbeit in Deutschland aus, mit nahezu einem weiteren Drittel unterstützte die deutsche Sektion die Arbeit von Greenpeace International und damit auch die finanzschwachen Büros in anderen Staaten – weit mehr, als das von GPI geforderte Viertel. Die Einnahmen- und Ausgabenrechnung legt der Verein jährlich Wirtschaftsprüfern vor und veröffentlicht sie im jährlichen Rechenschaftsbericht.

Übersteigen in einem Jahr die Einnahmen die Ausgaben,

legt Greenpeace den übrigbleibenden Betrag an – die viel kritisierten Rücklagen. Rund 8,5 Millionen D-Mark und damit zwölf Prozent von den Einnahmen des Jahres 1994 kamen auf die hohe Kante. In der Kriegskasse befanden sich mit Stand 31. Dezember 1994 stolze 63,1 Millionen D-Mark; Greenpeace Deutschland ist damit die bei weitem vermögendste Umweltorganisation in deutschen Landen. Dieser Betrag enthält aber nicht die Rücklagen für bereits getätigte Investitionen, also etwa den Abschreibewert des Sachanlagevermögens (z. B. Büroaustattung).

Kritiker werfen Greenpeace vor, die Rücklagen würden dem Umweltschutz nichts nützen. Der Verein hält dem entgegen, daß er nur mit einem guten Finanzpolster bei etwaigen Spendenrückgängen Kampagnen weiterführen kann. Außerdem bekäme man keine Kredite von Banken für Aktionen, man setze sich im Gegenteil hohen Schadenersatzansprüchen aus. Wie hoch der seit 1980 geleistete Schadenersatz ist, bleibt ebenfalls streng geheim. Eigens für Haftungszwecke gegründet, wurde der Verein Greenpeace Deutsche Sektion. Er soll verhindern, daß Ansprüche auf Greenpeace e.V. durchschlagen können. Für diesen Zweck gab es bis vor kurzem auch die Vereine Beluga und Moby Dick, die die Einsätze der beiden gleichnamigen Schiffe rechtlich absicherten. Greenpeace löste sie 1994 auf, ihre Funktionen gingen auf Greenpeace Deutsche Sektion über.

Die Argumente für die Rücklagen leuchten ein. Zumal der Verein nicht davon ausgehen kann, daß die Spenden weiterhin so kräftig fließen. Und es macht auch wenig Sinn, Geld sinnlos zu verpulvern. Hinzu kommt, daß Greenpeace teure Untersuchungen in Auftrag geben kann. So etwa die 1994 vom Deutschen Institut für Wirtschaftsforschung (DIW) in Berlin vorgelegte Studie über Ökosteuern, die in der Wirtschaft für hitzige Debatten sorgte. Durch die als Festgeld und Wertpapiere angelegten Rücklagen erhielt Greenpeace 1994 rund drei Millionen D-Mark Zinsen. Zwar ist das Geld bei unverfänglichen Kreditinstituten deponiert, wie etwa der Postbank Hamburg oder der Ökobank eG in Frankfurt. Gänzlich ausschließen kann aber auch Greenpeace nicht, daß mit dem Geld an irgendeiner Stelle im Wirtschaftskreislauf umweltunfreundliche Projekte finanziert werden.

Um zumindest einen Teil des Vermögens sinnvoll zu investieren, entwickelte die Organisation die Pläne für eine Greenpeace Technologie GmbH, deren Gründung sie angekündigt hat. Das neue Tochterunternehmen soll ökologische Pionierprojekte zur Marktreife bringen. So will man zusammen mit einem asiatischen Autohersteller einen Drei-Liter-Motor entwickeln, der dann in Serie vom Band laufen soll – eine Investition, die sich bezahlt machen dürfte. Als Öko-Konstrukteure bewiesen sich deutsche und schweizerische Greenpeacer schon 1990. Gemeinsam mit zwei Unternehmen entwickelten sie das Clean Tech-Fahrrad: Ein weitgehend umweltfreundlich hergestellter Drahtesel. Im Handel kosten die in verschiedenen Versionen angebotenen Räder zwischen 1.500 und 1.900 D-Mark, 50 D-Mark davon gehen als Lizenzgebühr an Greenpeace. Rund 6.000 dieser ›sauberen‹ Fahrräder wurden bis Mitte 1995 verkauft. Die entgeltliche Nutzung des Namens Greenpeace durch ein Unternehmen stellt eine Art von Öko-Sponsoring dar. So mancher Umweltverband hat inzwischen seine Scheu gegenüber der Wirtschaft abgelegt, und läßt sich mit Geldern von ihr Projekte finanzieren – eben sponsern. Nicht so Greenpeace: Öko-Sponsoring ist nach wie vor verpönt, nicht im mindesten will man in den Verdacht kommen, sich von Unternehmen unter die Arme greifen zu lassen. Lizenzgeschäfte bestätigen eben die Ausnahme von der Regel.

Weitere neue Einnahmequellen sind im Gespräch. So etwa eine Greencard: Eine Kreditkarte, bei der der Inhaber von jedem Rechnungsbetrag einen bestimmten Teil an die Umweltkämpfer abführt. Freuen könnten sich die Fundraiser auch, wenn sich der Plan von einer Umweltlotterie verwirklichen ließe. Zehn große Umwelt- und Entwicklungsverbände haben dazu 1993 die Arbeitsgemeinschaft Neue Bundeslotterie für Umwelt und Entwicklung gegründet – mit dabei: Greenpeace. Sollten die Bundesländer die Lotterie genehmigen, bekämen die zehn Organisationen bis zu 70 Prozent der Erlöse, zu gleichen Teilen. Der Höchstbetrag läge pro Mitglied der Arbeitsgemeinschaft bei einem Drittel seines Spendenaufkommens. Mindestens 30 Prozent wären für kleine Initiativen bestimmt.

Sollten eines fernen Tages tatsächlich die Einnahmen so drastisch zurückgehen, daß eine Weiterarbeit nicht mehr möglich wäre, oder sollte der Verein sich aus einem anderen Grund auflösen, dann fiele sein Vermögen »an eine andere steuerbegünstigte Körperschaft zur Verwendung für den Schutz der Umwelt«.

Die Kommunikation

Wer spendet, will wissen, was mit den Geldern geschieht. Neben diversen themenbezogenen Broschüren und Faltblättern und dem Jahresbericht, der die Gewinn- und Verlustrechnung enthält, informiert Greenpeace seine Förderer mit der Zeitung *Greenpeace Nachrichten.* Das Blatt erscheint vierteljährlich. Bis Herbst 1993 erhielten die Mitglieder das *Greenpeace Magazin.* Weil dessen Produktionskosten sehr hoch lagen, entschied man sich für die preisgünstigere Variante Zeitung. Das von der Greenpeace Umweltschutz Verlag GmbH produzierte Heft erscheint seit 1986, ist am Kiosk erhältlich und seit Anfang 1993 auch im Abonnement. Mit einer Auflage von 177.000 Exemplaren (II. Quartal 1995) trägt sich das vierteljährlich erscheinende Magazin selbst; 120.000 Hefte gehen an Abonnenten, 15.000 werden am Kiosk verkauft. Den Rest verteilt Greenpeace intern oder für Werbezwecke. Neun von zehn Lesern sind Förderer, deren Informationsdurst die Zeitung nicht deckt und die deshalb zusätzlich das Magazin bestellt haben.

Das professionell gemachte Blatt hat das einstige Flaggschiff der Öko-Zeitschriften *natur* nicht nur an Auflage überholt, sondern übertrifft es auch an journalistischem Biß. Freilich: Wie wohl von jedem Vereinsblatt, so ist auch von diesem keine Enthüllungsstory über Greenpeace intern zu erwarten – wenn's denn mal eine solche gäbe. Die Zeitschrift informiert nicht nur über brisante Umweltthemen, sondern ist auch ein Forum zur Selbstdarstellung der Arbeit von Greenpeace. Parallel zu Aktionen erscheinen entsprechende Artikel, die die Breitenwirkung verstärken sollen. Die Leser können mit den beigehefteten Aktionspostkarten Druck bei Politikern, Unternehmen oder Organisationen machen.

Das Heft kommt ohne Fremdwerbung aus, die gilt als verpönt. Eine Ausnahme bilden die selbstgemachten Plagiat-Anzeigen, in denen genüßlich Öko-Anzeigen von Konzernen ›umgedreht‹ werden. Der Umweltschutzverlag nutzt die Möglichkeit, via Magazin für seine Artikel zu werben – was mittelbar dem Greenpeace-Konto zugute kommt.

Neben den eigenen Medien pflegt man den intensiven Kontakt zu den Redaktionen von Presse, Funk und Fernsehen. Ohne deren Berichte über die Aktionen wäre das Greenpeace-Konzept zum Scheitern verurteilt – denn dessen Wirkung liegt gerade in der medialen Inszenierung.

Interessante Einsichten über den Erfolg der Pressearbeit gibt die Studie »Das Beispiel Greenpeace – Öffentlichkeitsarbeit und ihr Einfluß auf die Medien« von der Arbeitsstelle Medien und Politik der Universität Hamburg. Der Autor Torsten Rossmann wertete annähernd 1.600 Presseberichte aus, die im Mai und Juni 1991 erschienen und in denen Greenpeace zumindest einmal namentlich erwähnt wurde; 90 Prozent davon veröffentlichten Regional- oder Lokalblätter, den Rest andere Printmedien. Kein einziger erschien in einer Öko-Fachzeitschrift. »Alleine am Umfang gemessen,« so die Studie, »verfügt Greenpeace über einen bedeutenden Einfluß auf die Umweltberichterstattung in der Bundesrepublik«.

Soweit dies zu ermitteln war, gingen mindestens die Hälfte der Artikel auf Agenturmeldungen zurück, für ein Viertel zeichneten Korrespondenten oder die eigene Redaktion verantwortlich, beim restlichen Viertel war keine Urheberschaft zu erkennen. In 84 Prozent der Fälle gab Greenpeace den Anlaß für die Berichterstattung selbst vor, sei es durch Pressemitteilungen und -konferenzen oder Aktionen. Das heißt: Nur in sehr geringem Umfang bestimmen die Redaktionen selbst den Anlaß. Es zeigte sich ferner, daß die Agenturmeldungen, die zum großen Teil auf Pressemitteilungen von Greenpeace beruhten, weder sonderlich umgeschrieben noch überprüft wurden. »Greenpeace bestimmt damit maßgeblich die Themen und Inhalte der Berichterstattung über sich und seine Arbeit«, so Torsten Rossmann. Für die Öffentlichkeitsarbeit von Umweltorganisationen sei Greenpeace »ein Musterbeispiel an Effizienz und Einflußnahme«.

Die Verbindungen

Heute ist Greenpeace die vermögendste und, wie diverse Umfragen immer wieder zeigen, die bekannteste Umweltorganisation in Deutschland. Ihr wird zuweilen attestiert, mehr für den Umweltschutz zu tun als die zuständigen Minister. Doch es gibt auch noch andere einflußreiche Verbände. Mit dem Multi in Hamburg am ehesten aufnehmen können es hinsichtlich der Förderer und Finanzen der Bund für Umwelt und Naturschutz Deutschland (BUND), der Naturschutzbund Deutschland (NABU, früher: Bund für Vogelschutz) und die deutsche Sektion des ebenfalls weltweit tätigen World Wide Fund for Nature (WWF, früher: World Wildlife Fund). Eines ist den vieren gemeinsam: die Professionalität der Arbeit. Wer also den Greenpeacern gerade diese vorwirft, müßte sagen, wie es besser geht. Ohnehin diskutieren die Verbände untereinander, wie sie auf ein sich änderndes Umfeld reagieren sollen. So etwa im Deutschen Naturschutzring (DNR), der Dachorganisation der Natur-

Die großen Umweltverbände im Vergleich				
	Mitglieder	Einnahmen (Mio. DM)	Ausgaben (Mio. DM)	Rücklagen (gesamt) (Mio. DM)
Greenpeace	507.000	71,2	62,7	63,1
Bund für Umwelt u. Naturschutz (BUND)	215.000	16,7	16,7	0,8
Naturschutzbund Deutschland (NABU)	200.000	20,3	19,6	1,1
World Wide Fund (WWF)	103.000	27,5	25,3	8,5

Stand: 31.12.1994

und Umweltschutzverbände. Wegen seiner heterogenen Mitglieder, zu denen Jäger genauso wie Tierschützer gehören, ist der DNR zwar kein schlagkräftiger Verband, das wäre auch nicht seine Aufgabe. Aber er bietet ein entsprechendes Forum. Doch in ihm ist Greenpeace nicht Mitglied, weil es »keine politischen Kompromisse machen« will. Hingegen arbeitet Greenpeace einträchtig mit anderen Umweltorganisationen in themenbezogenen Netzwerken zusammen und führt mit ihnen Kampagnen und Aktionen durch. Aus so mancher Verbandsgeschäftsstelle ist dennoch zu hören, daß man sich eine intensivere Zusammenarbeit wünsche.

Obwohl nicht in einem Abkommen zu Papier gebracht, gibt es eine Aufgabenverteilung zwischen den Großen der Umweltszene: Greenpeace und in kleinerem Rahmen Robin Wood sind für die mediengerecht inszenierte »Action« zuständig, der WWF für den nicht ganz so auffälligen internationalen Artenschutz. Für den BUND und den NABU mit ihren vielen Ortsgruppen bleibt die Kärrnerarbeit an der Basis. Die Berufs-Umweltschützer trennt so manches – und eint eines: Eine grüne Zukunft.

V. Der Kampf um die Bohrinsel Brent Spar

1. Das Öl in der Nordsee

Als Mitte der siebziger Jahre das erste Öl aus der Nordsee gewonnen wird, ist dies für die Förderländer Norwegen und England zugleich mit der Hoffnung auf wirtschaftlichen Aufstieg in Europa verbunden. Das Nordseeöl verspricht den Förderstaaten und den Ländern der europäischen Gemeinschaft auch wirtschaftliche und politische Unabhängigkeit von der OPEC. Man ist nicht mehr länger auf den unsicheren Fluß des Energieträgers aus dem Nahen Osten angewiesen. Lange Zeit versprechen sich die beteiligten Konzerne große Gewinne aus dem Ölgeschäft und die Staaten hohe Steuereinnahmen von ihrer Ölindustrie. Großspurig verkündet der britische Premierminister James Callaghan noch 1977 mit dem Nordseeöl sei dem Land die »größte wirtschaftliche Chance seit hundert Jahren gegeben«. Die hohen Erwartungen haben sich jedoch nur zum Teil erfüllt. Großbritannien ist in der Welt keine wirtschaftliche Großmacht geworden, und wird dieses Ziel wegen seiner durchwachsenen Wirtschaftspolitik in naher Zukunft auch nicht erreichen. Andererseits hat der Inselstaat bis 1995 rund 1,8 Milliarden Tonnen Nordseeöl gefördert und damit die von Fachleuten geschätzten Ölreserven von 1,3 Milliarden Tonnen deutlich übertroffen. Darüber hinaus sind die Reserven für die nächsten Jahre mit rund neun Milliarden Tonnen auch noch deutlich größer als lange Zeit vermutet. Dank neuerer Fördertechniken wird der Inselstaat deshalb auch in den nächsten Jahrzehnten weiter Öl fördern. Mit seiner Produktion aus der

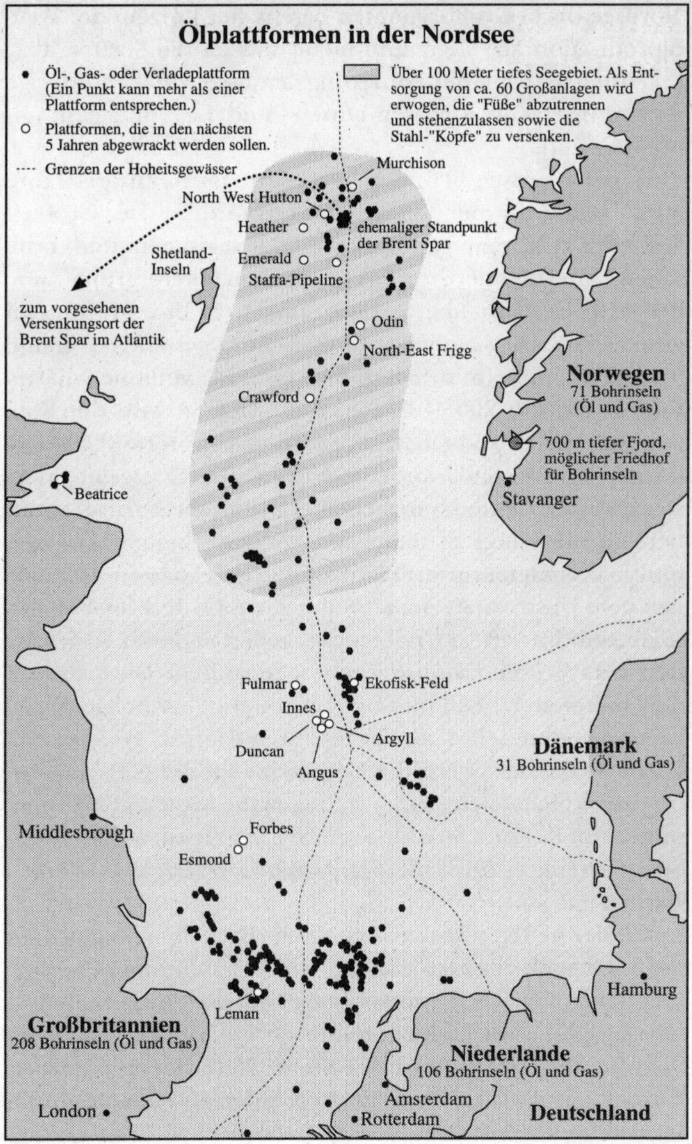
Ölplattformen in der Nordsee
Öl-, Gas- oder Verladeplattform (Ein Punkt kann mehr als einer Plattform entsprechen.)
Plattformen, die in den nächsten 5 Jahren abgewrackt werden sollen.
Grenzen der Hoheitsgewässer
Über 100 Meter tiefes Seegebiet. Als Entsorgung von ca. 60 Großanlagen wird erwogen, die "Füße" abzutrennen und stehenzulassen sowie die Stahl-"Köpfe" zu versenken.
Murchison
North West Hutton
Heather
ehemaliger Standpunkt der Brent Spar
Shetland-Inseln
Emerald
Staffa-Pipeline
zum vorgesehenen Versenkungsort der Brent Spar im Atlantik
Odin
North-East Frigg
Norwegen
71 Bohrinseln (Öl und Gas)
Crawford
700 m tiefer Fjord, möglicher Friedhof für Bohrinseln
Stavanger
Beatrice
Fulmar
Ekofisk-Feld
Innes
Argyll
Duncan
Angus
Dänemark
31 Bohrinseln (Öl und Gas)
Middlesbrough
Forbes
Esmond
Hamburg
Leman
Großbritannien
208 Bohrinseln (Öl und Gas)
Niederlande
106 Bohrinseln (Öl und Gas)
Amsterdam
Rotterdam
London
Deutschland

Nordsee deckt Großbritannien bereits vier Prozent der Weltölproduktion ab. Mehr und mehr müssen die Staaten aber erkennen, daß mit der Förderung langfristig auch schwierige Entsorgungsprobleme der Förder- und Lageranlagen verbunden sind.

In der Nordsee befinden sich Mitte der neunziger Jahre etwa 420 Plattformen, die Öl und Gas fördern. Der Großteil der Ölplattformen gehört dabei norwegischen und britischen Unternehmen, die das Öl aus dem Meeresgrund pumpen und es dann über Erdölleitungen in ihre Raffinerien weiterleiten. Die staatliche norwegische Ölgesellschaft Statoil fördert so im Schnitt jeden Tag rund 1,2 Millionen Barrel Rohöl, also fast 200 Millionen Liter. Gefolgt wird der Konzern von der BP mit einer Tagesförderung von rund 670.000 Barrel und von Shell mit etwa 550.000 Barrel. Der norwegische Konzern Statoil unterscheidet sich in seinem Tätigkeitsbereich allerdings grundlegend von den beiden anderen multinationalen Konzernen. Während sich Statoil ausschließlich dem Upstream-Geschäft widmet, das Öl der Nordsee nur sucht und fördert, vertreiben die beiden anderen Konzerne den verarbeiteten Rohstoff im sogenannten Downstream-Geschäft weiter. Shell und BP fördern also den Rohstoff und verkaufen ihn selbst als Benzin oder Heizöl. Wie im Fall Brent Spar finanzieren die Gesellschaften die teuren Bohrinseln oft nicht allein, sondern tragen die Kosten gemeinsam mit einem Partner. So ist Esso zu 50 Prozent mit an der Brent Spar beteiligt, überläßt Shell allerdings den alleinigen Betrieb.

Mit der heftigen Diskussion um die Brent Spar beginnt für die Shell auch ein neues Kapitel in der Förderung des Nordseeöls, nämlich das der Entsorgung alter Plattformen. Anders als noch vor zwei Jahrzehnten erwartet, können angesichts des öffentlichen Drucks die 50 bis 60 Plattformen des Ölkonzerns ebenso wie die norwegischen Anlagen kaum mehr problemlos in der Nordsee versenkt werden.

Aus rein rechtlichen Gründen besteht nach herrschender Meinung derzeit noch kein zwingender Grund, die Plattformen ausschließlich an Land zu entsorgen. Internationale Richtlinien verbieten die Versenkung ausgedienter Plattformen nicht. So schreibt die Genfer Konvention von 1958 lediglich vor, daß die ausgedienten Anlagen wieder entfernt werden müssen. Ähnlich dieser Richtlinie enthält auch die weltweit geltende Londoner Konvention zur Verhütung der Meeresverschmutzung von 1972 kein ausdrückliches Verbot

Ölplattform Brent Spar

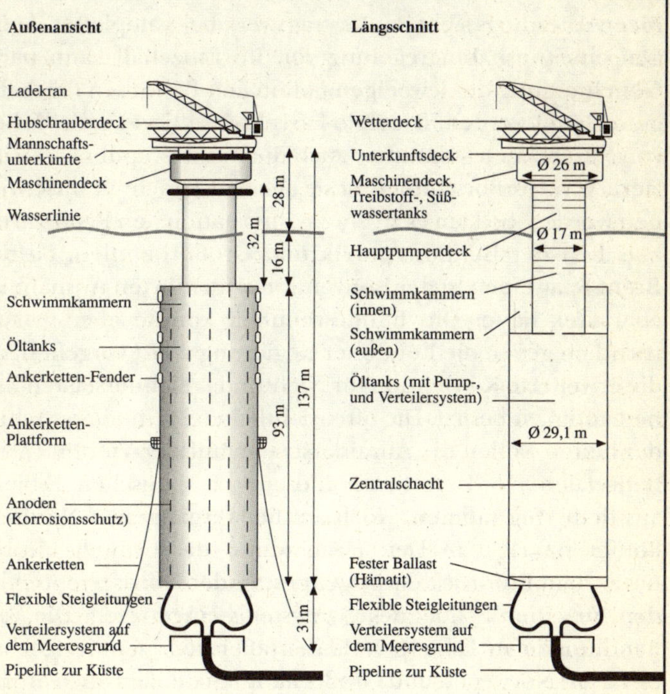

der Versenkung. Einige Staaten wie die USA haben sich auf der Grundlage dieses Vertrages sogar ausdrücklich vorbehalten, gereinigte Plattformen zu versenken.

Auch die 1972 abgefaßte Osloer Konvention enthält noch kein Versenkungsverbot für ausgediente Anlagen. Entsprechend der damals gültigen internationalen Richtlinien sind in diesen Jahren produzierte Anlagen wie die Brent Spar auch nicht für eine Entsorgung an Land konzipiert worden. Die Pariser Konvention von 1974 hätte in diesem Bereich auch keine strengeren Maßnahmen vorgesehen, wenn sie nicht durch einen entsprechenden Anhang verschärft und präzisiert worden wäre. Diese 1992 entstandende Oslo-Paris-Konvention verbietet das Versenken der Förderanlagen im Meer. Allerdings sieht das Vertragswerk bei kompletten Anlagen eine Ausnahmeregelung vor. Im Einzelfall kann nach Genehmigung der jeweiligen nationalen Behörden die Anlage versenkt werden. Die Oslo-Paris-Konvention wurde bisher von fünf Staaten – darunter auch die Bundesrepublik – ratifiziert. Von Großbritannien ist sie allerdings nicht unterschrieben worden. So kam es zu einem internationalen Rechtsstreit zwischen der Bundesrepublik und Großbritannien, ob die Brent Spar einen in der Konvention angeführten Ausnahmecharakter hätte. Die Bundesrepublik konnte aber völkerrechtlich gegen die Londoner Regierung nicht vorgehen, da die erweiterte Konvention für Nichtunterzeichnerstaaten keine Gültigkeit besitzt. Die offensichtlichen Meinungsverschiedenheiten wollen die Anrainerstaaten auf der Vierten Internationalen Nordseeschutzkonferenz im dänischen Esbjerg aus dem Weg räumen. Noch auf der vergangenen Nordseekonferenz 1990 in Den Haag waren die Umweltminister unter dem Eindruck der Algenpest in der Nordsee entschieden für einen Schutz des Ökosystems eingetreten. Die Verhandlungen in Esbjerg verlaufen allerdings schwieriger als erwartet. Norwegen und Großbritannien denken auch an die entstehenden Kosten bei der Entsorgung ihrer Bohrinseln und unterschreiben die abschließende Absichtserklärung der anderen Anrainerstaaten nicht. Unter dem Eindruck der Ereignisse um Brent Spar einigen sich die Umweltminister auf eine Absichtserklärung, die bis 1997 die Entsorgung alter Plattformen an Land vorschreiben soll. Im Vertragstext heißt es: »Die Minister sind sich bewußt, daß sich eine zunehmende Zahl von Offshore-Anlagen in der Nordsee dem Zeitpunkt ihrer Verschrottung nähern. Auch wenn sie keine schädlichen und gefährlichen Stoffe mehr enthalten, können die Anlagen nach einem Dumping eine Gefahr für die Meeres-Umwelt darstellen. Ihre Beseitigung an Land mit der Wiederverwertung verwertbarer Materialien und der Sicherung einer gefahrlosen und kontrollierten Entsorgung unvermeidbarer Rückstände wäre in Übereinstimmung mit generell anerkannten Prinzipien bei der Abfallbeseitigung. (...) Die Minister sind sich einig, daß ausgediente Anlagen entweder wiederverwandt oder an Land entsorgt werden sollen.«

Nicht dieser Ansicht sind allerdings die Hauptbetreiberländer Norwegen und Großbritannien. Die britische Delegation fordert eine Ausnahmemöglichkeit für Plattformen jedweden Typs, Norwegen will zumindest Bohrplattformen aus Beton im Meer versenken können. Die Vierte Nordseeschutzkonferenz ist damit wenig weiterführend verlaufen, da ausgerechnet die Staaten, die die Regelungen inhaltlich betreffen würden, sie nicht unterschrieben haben und so nicht an sie gebunden sind. Gemäß der Opting-out Regel der Konvention sind nur diejenigen Staaten an die Beschlüsse gebunden, die ihnen auch zugestimmt haben. So kommt es zu der unsinnigen Situation, daß die wichtigen Förderstaaten Norwegen und Großbritannien von der Regelung unberührt bleiben und nicht an sie gebunden sind. Für andere Staaten wie Belgien oder Spanien, die das Abkommen unterzeichnet haben, sind die Beschlüsse theoretisch zwar bindend, praktisch aber bedeutungslos, da sie über keine eigenen Plattformen verfügen. Nationale Interessen haben so einen praktikablen Kompromiß verhindert.

Das Problem der Entsorgung der Plattformen wird möglicherweise auf der nächsten Nordseeschutzkonferenz im Jahre 2000 in Norwegen wieder auf der Tagesordnung stehen.

2. Die Drohgebärden der Rivalen

Als die Brent Spar 1976 etwa 190 Kilometer östlich von den Shetland-Inseln installiert wird, ahnt niemand, daß fast zwei Jahrzehnte später die Entsorgung der Plattform einen medienträchtigen Konflikt zwischen der Umweltschutzorganisation Greenpeace und dem Shell-Konzern heraufbeschwören wird. Die Brent Spar soll in den nächsten Jahrzehnten im sogenannten Brent-Feld der Nordsee die hier vermuteten Ölvorkommen ausschöpfen. Größe und Form des Kolosses muten damals wie heute gigantisch an. Die Bohrplattform gleicht einem riesigen Stahlzylinder. Sie ist 93 Meter lang und hat einen Durchmesser von 29 Metern. In 140 Meter Tiefe verankert ein gewaltiges sechsbeiniges Kettensystem die Stahlkonstruktion. Die eigentlichen Tanklager im Inneren unterteilen sich in sechs Räume, die fast 50.000 Millionen Liter Rohöl fassen. Allerdings werden bei der Installation der Anlage zwei Öltanks beschädigt, die damit für die Einlagerung nicht mehr verwendet werden können. Über der Wasseroberfläche liegen mehrstöckige Mannschaftsquartiere für 30 Personen sowie Steuerungs- und Regelanlagen,. Maschinen, Pumpen, Verladeeinrichtungen und ein Helikopterdeck. Insgesamt wiegt die Anlage 14.500 Tonnen. Im Vergleich zu den Förderplattformen der Nachbarschaft zählt die Brent Spar damit aber nur zu den mittelgroßen Anlagen in der Nordsee.

Anfangs dient die Brent Spar einer Fördertechnik, die heute längst nicht mehr angewendet wird. Mitte der siebziger

Jahre muß das geförderte Öl noch von den Förderplattformen zu Lager- und Verladestationen gepumpt werden, ehe ein Tanker es aufnehmen kann. Dieser mit hohen Transportrisiken verbundene Weg hat sich heute stark verkürzt. Das Öl wird mittlerweile von den Förderanlagen direkt über Pipelines an Land geführt. In den ersten zwei Jahren ihres Betriebs funktioniert die Brent Spar aber noch nach der alten Fördertechnik und nimmt aus den beiden benachbarten Produktionsstationen das Öl als Zwischenlager auf, um es in seinen gewaltigen Öllagertanks zum Abtransport für den Tanker bereitzuhalten. Dies ändert sich ab 1978. In diesem Jahr wird das Brent-Pipeline-System zum Terminal in Sullom Voe in Betrieb genommen und das geförderte Öl über die neuen Versorgungsleitungen direkt an Land transportiert. Brent Spar dient in den Folgejahren nur noch als alternativer Transportweg. Der Erhalt der Brent Spar als Sicherheitsoption ist auf Dauer recht kostspielig. Besonders zwischen 1987 und 1990 steigen die Wartungskosten der Plattform stetig an. Eine daraufhin in Auftrag gegebene Studie kommt zu dem Ergebnis, daß rund 90 Millionen britische Pfund zu investieren wären, um die Anlage zu sanieren. Außerdem müßte sie für zwei bis drei Jahre zur Reparatur außer Betrieb genommen werden. Shell beschließt angesichts des Alters der Anlage, der entstehenden Kosten und des funktionierenden Brent-Pipeline-Systems die Brent Spar außer Dienst zu stellen. Dies bedeutet, daß das Rohöl aus den Tanks entfernt wird, die Leitungen mit Meerwasser gespült werden und die Emulsionen an der Wasser-Ölschnittstelle zusammen mit anderen verunreinigten Restmengen abgepumpt werden. In Zukunft bringen aber vor allem die zurückbleibenden Reste an Schwermetallen, radioaktiven Stoffen und der Ölschlamm die Anlage in die öffentliche Diskussion. Trotz der Reinigung weist sie immer noch entsprechende Betriebsrückstände auf. Sind diese im Falle einer Versenkung der Plattform für die Meeresregion tolerabel?

Shell selbst untersucht in den nächsten Jahren die Möglichkeiten einer Entsorgung der Plattform. Dabei muß sich der Konzern sowohl an globale Konventionen wie die angesprochene Londoner Konvention von 1972, aber auch an europäische Bestimmungen und an das britische Seerecht halten. Unter den 13 möglichen Entsorgungswegen unterzieht Shell letztlich sechs Möglichkeiten einer genaueren Analyse. Je eine Option geht dabei von einer Sanierung der Anlage sowie ihrer andauernden Wartung aus, zwei Optionen sehen eine Entsorgung im Ölfeld oder im Tiefwasser vor und zwei weitere untersuchen die Möglichkeiten einer Demontage. Besonders letztere erfordern einen hohen personellen, finanziellen und technischen Einsatz. Dabei sieht die horizontale Demontage die Entfernung der Aufbauten, die Reparatur der Tanks, das Kippen der Anlage in die Horizontale, die Überführung zu einem Frachter und den Transport an Land vor. Dort soll dann die endgültige Demontage vorgenommen werden. Gegen diese Möglichkeit spricht neben den hohen Kosten von 46 Millionen britischen Pfund die Gefährdung der beteiligten Arbeitskräfte und das Risiko unvorhergesehener Zwischenfälle beim Transport der Anlage. Ähnliche Schwächen weist auch die vertikale Demontage auf. Bei dieser Entsorgungsmöglichkeit wird die Anlage nicht in die Horizontale gekippt, sondern nach der Reparatur der beschädigten Tanks aufrecht in die Nähe einer Küste geschleppt. Dort sollen die Aufbauten und die Hülle entfernt werden, ehe die Reste der Anlage an Land zur Demontage und Entsorgung kommen. Gegenüber der horizontalen Version benötigt die vertikale wegen des Tiefgangs der Anlage von 109 Metern einen entsprechenden Tiefwasserstandort, der in Europa schwer zu finden ist. Trotz des minimalen Kostenunterschiedes von zwei Millionen britischen Pfund wiegt dieser Mangel derart schwer, daß im Vergleich der beiden Landentsorgungsmöglichkeiten die horizontale Demontage attraktiver scheint.

Die einfachste und billigste Lösung ist allerdings das Versenken der Plattform im Ölfeld. Es fiele kein Transport an, da die Brent Spar praktisch an Ort und Stelle in die Tiefe gelassen werden könnte. Wegen der lokalen Umweltfolgen und der Auswirkungen auf den Fischfang verwirft Shell diese Option allerdings bald. Die Lösungen, die eine Sanierung oder andauernde Wartung der Brent Spar vorsehen, wandern ebenfalls in den Papierkorb. Die Möglichkeiten beinhalten zudem das Risiko, daß man in naher Zukunft keine alternativen Käufer oder Nutzer findet.

Eine andere attraktive Variante für die Brent Spar liegt in der Tiefwasserentsorgung. Technisch gesehen, scheint die Option relativ einfach, da man die Plattform nach der Reinigung der Aufbauten nur noch zum Entsorgungsstandort im Nordostatlantik transportieren muß und die Anlage dort entsprechend versenken kann. Gegenüber der Landentsorgung handelt es sich hierbei vom technischen Standpunkt aus um eine relativ einfache Prozedur. Die Folgen für die Ökosysteme Umwelt und die Meeresressourcen sind im Sinne der Studie »gering und bleiben auf den Tiefwasserstandort lokalisiert.« Dementsprechend wird diese Möglichkeit auch für Dritte, also die kritische Öffentlichkeit, als »akzeptabel« eingeschätzt.

Die Versenkung in der Tiefsee stellt damit für Shell auf der Grundlage seiner Studien, die von zahlreichen wissenschaftlichen Universitäten und Instituten verfaßt wurden, die bevorzugte Alternative dar. Bis Ende 1994 realisiert der Konzern noch nicht, welch eine verheerende Fehleinschätzung den Analysen in bezug auf die gesellschaftliche Akzeptanz der Versenkungsoption unterlaufen ist.

Die Perspektive einer Versenkung der Brent Spar im Nordatlantik wird für Menschen in ganz Europa nicht annehmbar sein und Shell einen gigantischen Kampf in der Nordsee und in den Medien abverlangen, aus dem sie als Verlierer hervorgehen wird.

3. Die heiße Phase

Die endgültige Entscheidung zur Versenkung der Plattform in der Tiefsee wird im Dezember 1994 getroffen, als die Chefetage von Shell Großbritannien die Ergebnisse des neuesten Gutachtens präsentiert. Auch die Ingenieurfirma Rudall Blanchard Associates Limited kommt in ihrer Studie »Entsorgung der Brent Spar« nach Abwägung aller Vor- und Nachteile zu dem Ergebnis, die Plattform in der Tiefsee zu versenken. Dabei haben die Analytiker auch die amtlichen Stellen konsultiert und sehen weder hier noch von Seiten der Bevölkerung wesentliche Einwände oder Akzeptanzprobleme. Aufgrund der fachlich schwer angreifbaren Analysen sind selbst britische Umweltschutzverbände und Interessengruppen wie die Scottish Heritage oder die Firth of Forth Fishermens Association von der Korrektheit der Tiefseeentsorgung überzeugt. Die Londoner Regierung unter Premierminister John Major erteilt daraufhin am 16. Februar die vorläufige Genehmigung, die Brent Spar in rund 2.400 Meter Tiefe 240 Kilometer westlich von Schottland zu versenken. Zu diesem Zeitpunkt unterrichtet die britische Regierung auch die anderen Unterzeichnerstaaten des Oslo-Paris-Abkommens von ihrer Entscheidung. Sie haben nun die Möglichkeit dagegen zu protestieren. Alle Regierungen, auch die der Bundesrepublik, nehmen den britischen Entschluß ohne Widerspruch hin. In diesen Tagen informiert sich auch die britische Sektion von Greenpeace über das Vorhaben von Shell. Ohne vernehmbaren öffentlichen Widerspruch scheint die Tiefsee-Entsorgung der Brent Spar ihren Lauf zu nehmen. Am 1. März 1995 tritt die Deutsche Shell AG mit ihrem neuen Werbe- und Kommunikationsgesetz offensiv an die Öffentlichkeit. Durch beispielhaftes Verhalten Aufmerksamkeit erregen und damit gesellschaftlich etwas bewegen, lautet die Botschaft, die Peter Duncan, der Chef der Deutschen Shell AG, verkündet. Der Leiter der Unternehmenskommunikation Klaus-Peter Johanssen erläutert dieses Konzept weiter und erklärt, die Kampagne suche auch »die Gefühlswelt der Menschen« anzusprechen. »Wir wollen etwas ändern«, heißt die Strategie, die speziell das ökologische und soziale Engagement des Konzerns in den Vordergrund rücken soll. Niemand ahnt Anfang des Jahres 1995, daß eine riesige Welle der Empörung diese Kampagne zunichte machen wird, so daß kein Raum mehr für eine sachliche Diskussion über die Strategien des Konzerns bleibt. Am 30. April, also rund acht Wochen nach der Vorstellung der neuen Werbestrategie, wird es ernst. Greenpeace-Aktivisten besetzen die Brent Spar, um gegen die geplante Tiefseeentsorgung zu demonstrieren. Greenpeace findet eine unbemannte Plattform vor, in der laut einer ARD-Dokumentation »radioaktiver Müll und faßweise giftige Ölschlämme versetzt mit Cadmium und Blei« lagern. Die Greenpeace-Männer haben insgesamt 20 Tonnen Material mit auf die Plattform gebracht – von Zahnbürsten über Klopapier bis zur Satellitenfernsehantenne ist alles dabei, um möglichst lange vor Ort bleiben zu können. Von hier aus wollen sie ein Zeichen setzen und gegen die Versenkung der Brent Spar im Atlantik protestieren. Die Besetzer planen, notfalls bis »zum Ende des Jahres« auszuharren, um ihr Ziel zu erreichen. 23 Tage später ist die Besetzung allerdings erst einmal zu Ende. Nach mehreren vergeblichen Versuchen gelingt es Shell, mit Hilfe der britischen Polizei die Plattform mittels eines Krans zu stürmen. Die Greenpeace-Truppe muß der Übermacht weichen. Die Brent Spar wird danach für das bevorstehende Abschleppmanöver vorbereitet. Ein Schlepper soll die Plattform zu ihrem Versenkungsort North Feni Ridge im Nordatlantik ziehen.

Trotz des Einsatzes der britischen Polizei, die die Umweltschützer von der Plattform vertreibt, hat Greenpeace einen wichtigen Medienerfolg errungen. Während der 23tägigen Besetzung der Plattform sind viele Menschen auf die Ölplattform in der Nordsee aufmerksam geworden. Besonders in der Bundesrepublik rückt der Vorfall in den Mittelpunkt der Medienberichterstattung. Bundesumweltministerin Angela Merkel nimmt am 9. Mai die kritischen Stimmen auf und richtet ein Schreiben an das britische Ministerium für Landwirtschaft, Fischereiwesen und Ernährung. Darin kritisiert sie die Versenkung der Brent Spar als ein falsches Zeichen an die Industrie und greift die im Auftrag des Shell-Konzerns erstellten Gutachten an. Sie hätten Möglichkeiten der Landentsorgung nur unzureichend berücksichtigt. Die schottischen Behörden lassen sich von den bundesdeutschen Protesten jedoch nicht beeindrucken. Sie geben am nächsten Tag, dem 10. Mai, die endgültige Genehmigung zur Versenkung der Plattform. Unterdessen wird Greenpeace in Deutschland aktiv. Die Organisation gibt in Deutschland eine Umfrage zur Situation der Shell-Versenkung in Auftrag. Fast drei Viertel der Befragten teilen daraufhin mit, sie seien zu einem Boykott von Shell-Tankstellen bereit, um eine Tiefseeversenkung zu verhindern. Shell jedoch ignoriert diese indirekte Drohung von Greenpeace. Am 11. Juni beginnt der Transport der Brent Spar in Richtung ihres Versenkungsortes im Nordpazifik.

In der Bundesrepublik bildet sich unterdessen eine – bisher einzigartige – öffentliche Front gegen die geplante Versenkung. Die Empörung gegen das Vorhaben von Shell zieht sich durch alle Parteien. Andere Wirtschaftsunternehmen tragen sie ebenso mit wie die Kirchen, Interessenverbände und die Gewerkschaften.

Die Bonner FDP-Zentrale ebenso wie Teile der SPD fordern sogar einen Boykott der Shell-Tankstellen. Ohne daß Greenpeace offen zum Boykott gegen Shell aufgerufen hat, müssen die Tankstellenpächter von Shell in den nächsten Tagen und Wochen Umsatzrückgänge bis zu 50 Prozent verkraften. Für die Marktsituation in Deutschland bleibt dies nicht ohne Folgen. Aufgrund dieser Einbußen verliert Shell in Deutschland seinen zweiten Platz auf dem Benzinmarkt. Der massiver werdende Boykott der deutschen Autofahrer trifft in erster Linie die Pächter der Shell-Tankstellen, die erhebliche Umsatzeinbußen hinnehmen müssen. In Hamburg, Frankfurt und Brandenburg kommt es im Rahmen des Boykotts auch zu Brandanschlägen gegen Shell-Tankstellen. An der Autobahn 44 von Kassel nach Dortmund wird auf das Gelände einer Tankstelle ein Brandsatz aus einem fahrenden Auto geschleudert. Shell-Pächter erhalten ebenso wie die Zentrale der Deutschen Shell in Hamburg telefonische Drohanrufe. Den multinationalen Konzern mit Sitz in London läßt dies nicht von seinem Vorhaben abrücken. Dort wird auch drei Tage nach dem Anlaufen des Boykotts eine Erklärung herausgegeben, die ein Abweichen von dem gefaßten Vorhaben entschieden zurückweist. Erste Reaktionen signalisieren allerdings die Shell-Töchter in anderen Ländern. So erklärt sich der niederländische Shell-Direktor Jan Slechte durchaus zu Verhandlungen bereit. Ganz ähnlich äußert sich auch einen Tag später, am 16. Juni 1995, der Chef von Shell Deutschland Duncan auf einer Pressekonferenz in Hamburg. Shell will die Gründe für seine Entscheidung noch einmal in der Öffentlichkeit verdeutlichen und wird sich deshalb »für die Versenkung der Brent Spar Zeit nehmen«. In diesen Tagen ist das Bild der einzelnen Shell-Töchter wie auch der gesamten Branche alles andere als einheitlich. Der Generaldirektor von Shell Austria, Kurt Döhmel, hat die Versenkung als »nicht tolerierbar« bezeichnet und sich damit gegen die Position der Shell U.K. gewandt. Der Chef der größten deutschen Ölfördergesellschaft Deminex, Paul Haseldonckx, fällt der Konzernpolitik ebenso in den Rücken, als er auf einer Pressekonferenz in Essen von einer »verständlichen« Reaktion der Öffentlichkeit spricht.

Längst hat die Debatte um die Brent Spar aber derart emotionale Züge angenommen, daß die Versuche der Shell-Manager um eine Versachlichung der Diskussion scheitern müssen. Das Interesse der Öffentlichkeit richtet sich in diesen Tagen weniger auf die schwerfälligen Pressekonferenzen des Konzerns, sondern gilt uneingeschränkt dem Kampf der Greenpeace-Aktivisten. Anfang Juni bereiten sie weitere Versuche zur Besetzung der Platform vor. In unmittelbarer Nähe der Brent Spar hält sich seit diesen Tage das Greenpeace-Schiff *Altair* mit seiner buntgemischten Mannschaft aus aller Welt auf: Studenten, Techniker, Seeleute, Unternehmer bilden die muntere Crew. Ob sie als Freizeitaktivisten ihren Jahresurlaub geopfert haben oder hauptberuflich als Angestellte bei Greenpeace arbeiten, sie alle haben nur ein Ziel: die Versenkung der Brent Spar zu verhindern. Der erfahrene, langjährige Greenpeace-Kapitän Jon Castle charakterisiert den Geist der Aktion folgendermaßen: »Die schlimmsten Unterdrücker sind manchmal Regierung und Gesetzgeber. Wenn die Regierung lebensbedrohliche Fehler macht, dann kann der Augenblick kommen, wo man sagen muß: ›Wacht auf, haltet ein.‹«

So werden von der *Altair* aus am 13. Juni wieder Schlauchboote ausgesetzt, um zu erkunden, ob und wie die Shellplattform doch noch zu kapern ist. Der Ölkonzern versucht, die Plattform mit gewaltigen Wasserwerfern gegen die Störenfriede zu schützen. Unterstützt wird er dabei von einem britischen Kriegsschiff, das der Brent Spar auf ihrem Weg in den Atlantik Geleitschutz geben soll. Für die Greenpeace-Mannschaft auf der *Altair* stellt dieses Schiff inzwischen eine ernste Bedrohung dar. Falls dort britische Marinesoldaten an Bord sind, wäre es für sie ein leichtes, die *Altair* zu entern und der Greenpeace-Aktion damit ein abruptes Ende zu bereiten. Aber auch aus der Luft droht den Umweltschützern Unheil. Ein britischer Hubschrauber kreist über der *Altair*. Die Gegner von Greenpeace kämpfen allerdings mit völlig unmilitärischen Mitteln. Vom Hubschrauber aus soll per Megaphon eine Gerichtsvorladung gegen Kapitän Castle verlesen werden, die ihn zurück auf die Insel beordert. Die Greenpeace-Mannschaft ist allerdings clever genug, das Megaphon durch die eigene Schiffssirene zu übertönen. Aber das entmutigt die Helikopterbesatzung keineswegs. Sie plant, den Beschluß über der *Altair* abzuwerfen, um ihn damit rechtswirksam zuzustellen. Als die Schiffsmannschaft allerdings genau in diesen Minuten beginnt, das Deck der *Altair* zu reinigen, kann die Zustellung nicht erfolgen und die Ladung ist deshalb unwirksam. Ein strategisch und auch symbolisch wichtiger Sieg für Greenpeace, denn Kapitän Castle ist eine Schlüsselfigur im Kampf gegen die Versenkung.

Am nächsten Tag, dem 14. Juni, startet Greenpeace einen neuen Versuch, mit Schlauchbooten auf die Plattform zu gelangen. Wieder vereiteln die gigantischen Wasserkanonen einen Erfolg der Angreifer.

Die Greenpeace-Crew steckt in der Krise. Mit der bisherigen Methode scheint es unmöglich, die Plattform zu entern. Andererseits wirkt es wenig spektakulär, die nächsten Tage einfach nur in der Nähe der Plattform zu verbringen, um in absehbarer Zeit ihre Versenkung mitzuerleben. Am Morgen des 15. Juni findet deshalb eine Lagebesprechung statt. Eine neue Taktik muß entwickelt werden, um die Versenkung doch noch zu verhindern. Am erfolgversprechendsten scheint den erfahrenen Greenpeacern, die schon früher Aktionen geplant haben, die Shell-Plattform aus der Luft zu attackieren. Ein Hubschrauber wäre nicht so einfach von den Wasserwerfern zu treffen und die Akteure könnten von oben auf der Brent Spar abgesetzt werden. Die große Gefahr dieser Strategie liegt jedoch darin, daß die Wasserwerfer den Helikopter erfassen und zum Absturz bringen könnten. Kapitän Castle hält trotzdem an dem Vorhaben fest. Er möchte aber vor dem Einsatz alle Boote zu Wasser lassen, um die Wasserwerfer abzulenken und so das Risiko des Hubschraubers etwas zu reduzieren. In den Augen der Greenpeace-Aktivisten läßt sich so mit etwas Glück die Gegenseite überrumpeln. Ausgerüstet mit einem 50 Meter langen Seil sollen sich dann zwei Greenpeacer vom Helikopter auf das Deck der Brent Spar herunterlassen.

Freitag, 16. Juni: Es ist der Tag der Entscheidung. Greenpeace unternimmt seinen wahrscheinlich letzten Versuch zu einer Besetzung der Brent Spar. Wenn die Gegenseite die Taktik vorausahnt, hat Greenpeace den Kampf in der Nordsee verloren und seine Mitarbeiter umsonst in eine lebensbedrohliche Situation gebracht. Wenn es allerdings klappt, kann man die Plattform besetzen und ihre Versenkung vorerst behindern.

Der Pilot schafft es tatsächlich, die Wasserwerfer zu umfliegen, und setzt die Akteure ab. Erst als die Funkverbindung zu den Greenpeacern auf der Plattform zustande kommt, kann man es erst überhaupt fassen. Der Riese Shell ist erfolgreich angegriffen worden. Dieser reagiert prompt und warnt Kapitän Castle über Funk: »Sagen Sie das Ihren Leuten, Kapitän, es ist Sprengstoff auf der Brent Spar, die dürfen da an Bord keine Fehler machen.«

Die Warnung der Shell-Mitarbeiter klingt bedrohlich, warnt die Besetzer aber vor einer realen Gefahr. Die Sprengsätze zur späteren Versenkung der Brent Spar in der Tiefsee könnten tatsächlich schon angebracht worden sein. Während die Greenpeacer auf der *Altair* ihren Tageserfolg feiern, befinden sich die Besetzer auf der Brent Spar in einer äußerst ungemütlichen Situation. Shell läßt die Wasserwerfer mit 6.000 Litern pro Minute auf die Plattform zielen. Ein direkter Treffer mit dem Wasserstrahl würde die Männer in Sekundenbruchteilen ins offene Meer fegen. So ziehen sie sich in die ehemaligen Mannschaftsquartiere zurück, die aber ebenfalls mehr und mehr unter Wasser stehen.

Auch wenn die Attacke gelungen ist, hat Greenpeace Verluste zu beklagen. Zwei Männer sind bei ihrem Scheinangriff aus den Schlauchbooten gespritzt und daraufhin von Shell-Mitarbeitern aufgenommen worden. Sie befinden sich wohlbehalten auf dem Schiff des Konzerns und müssen miterleben, wie ihre Freunde unter Beschuß genommen werden. Deren Lage ist zwar strategisch wichtig, für die beiden aller-

Munition Nordsee: Wasserwerfer beschießen die besetzte Ölplattform Brent Spar.

dings sehr unangenehm. Es ist dunkel, sie werden weiter beschossen und haben zudem bei ihrer Landung aus der Luft keinerlei Verpflegung mit an Bord nehmen können.

Shell hat deshalb noch keinen Grund nachzugeben und läßt die Brent Spar weiter in Richtung Atlantik schleppen. Greenpeace bleibt nichts anderes übrig, als die beiden Besetzer aus der Luft zu versorgen. Ein Helikopter startet und wirft unter Umgehung des Wasserstrahls Verpflegung und Decken ab. Sofort droht Shell über Funk: »Haltet Euren Hubschrauber von der Plattform weg. Sie haben überhaupt keinen Respekt, Sie zeigen keine Verantwortung – weder für Ihre eigene Crew noch für die anderen. Sie sind aber verantwortlich für alles, was jetzt passiert. Passen Sie auf, daß Sie nicht früher oder später etwas in Ihre Schiffsschraube kriegen.«

Die Greenpeacer müssen erkennen, daß dies mehr als eine leere Drohung ist, da auf einem der gegnerischen Boote tatsächlich ein Netz bereitliegt. Eine weitere Möglichkeit der Shell-Leute, die Schlacht in der Nordsee vielleicht doch noch zu gewinnen.

Shell entschließt sich aber erst einmal, die *Altair* direkt mit den Wasserwerfern zu beschießen. »Das ist hier wie Krieg.« schildert Harald Zindler die Situation auf dem Schiff und gibt seine Beobachtungen direkt über ein Telefon an die *Berliner Zeitung* weiter. Die Wasserwerfer haben eine derartige Wucht, daß sie problemlos Fenster und Türen der *Altair* zerschmettern können.

Trotzdem gerät Shell weiter unter Druck, arbeitet doch die Zeit langsam aber sicher für Greenpeace. Die Medien aus aller Welt haben sich des Spektakels in der Nordsee bereits angenommen. Shell beginnt, in der Berichterstattung mehr und mehr in die Defensive zu geraten. Selbst der englische Fernsehsender BBC hat sich kritisch über deren Vorgehensweise geäußert. In Deutschland berichten die Medien deutlich zugunsten von Greenpeace. Aber die Umweltorganisation kann nicht nur auf einen zunehmenden Medienrückhalt setzen, sondern hat sich auch strategisch weiter verstärkt.

Ab Montag, den 19. Juni, kommt als zusätzliches Greenpeace-Schiff die *Solo* mit rund 20 Journalisten an Bord. Via moderne Computer- und Informationstechniken können alle Nachrichten über die Geschehnisse fast simultan an die Agenturen und Redaktionen weitergegeben werden. Shell gerät dadurch weiter in die Krise. Eine schnelle und unspektakuläre Lösung des Konflikts ist spätestens jetzt nicht mehr möglich. Jeder Schritt, jede Bewegung der beiden Konfliktparteien vollzieht sich vor den wachsamen Augen der Weltöffentlichkeit. Der Ölmulti wirkt angegriffen, und die Crew der *Altair* will den angeschlagenen Gegner weiter attackieren.

So plant man, am 20. Juni frühmorgens um fünf Uhr ein Übungsmanöver durchzuführen. Keiner kann an diesem

Morgen ahnen, daß dieser Tag bereits die entgültige Entscheidung bringen wird. Die ohnehin unter großer Anspannung stehende Shell-Mannschaft soll durch das Manöver um ihren Schlaf gebracht werden.

Die Greenpeacer bereiten aber eine noch weitaus riskantere Aktion vor. Mit der *Solo* sind auch neue Aktivisten, darunter die 47jährige, vietnamerfahrene Hubschrauberpilotin Paula Huckleberry, zum Kampfplatz gekommen. Der Pilotin gelingt es in einer waghalsigen Aktion, in den Morgenstunden zwei weitere Aktivisten auf der Brent Spar abzusetzen. Ein extrem gefährliches Unterfangen, da die Shell-Leute diese Taktik bereits kennen und zudem nur ein Motor des Helikopters funktioniert. Doch die Angestellten der Ölfirma werden im Schlaf überrascht.

Shell zeigt sich nach außen hin unbeeindruckt. Zwar kann der Ölmulti die Männer aus eigener Kraft wohl kaum mehr von der Plattform vertreiben, allerdings könnte er mit Polizeihubschraubern eine Räumung der Brent Spar erzwingen. Diese Befürchtung schwebt den ganzen Dienstag über den Besatzungen der *Altair* und der *Solo.* Um 18.10 Uhr ereignet sich das Unerwartete. Shell gibt bekannt, sie werde die Brent Spar nicht im Nordpazifik versenken, sondern sich um eine Entsorgung an Land bemühen. Nach 50 anstrengenden Tagen hat Greenpeace den Kampf gegen den Ölmulti in der Nordsee gewonnen.

4. Das Duell der Giganten: Greenpeace gegen Shell

Nur langsam beginnen die Beteiligten nach diesem aufreibenden Kampf, das Geschehene zu verarbeiten. Hat sich bei diesem Duell in der Nordsee wieder einmal der David gegen den Goliath durchgesetzt? Oder sind hier vielleicht einfach nur zwei Großorganisationen aus verschiedenen Tätigkeitsbereichen aufeinandergestoßen, beide Giganten auf ihrem Gebiet? Hat am Ende die Medienberichterstattung über den Ausgang des Duells entschieden? Diese Fragen bleiben auch nach dem Tag der Entscheidung aktuell.

Die hohe Zahl an Förderern und Spendeneinnahmen von Greenpeace macht es zunehmend schwerer, die Umweltorganisation grundsätzlich als David in umweltpolitischen Konflikten zu bezeichnen. Gegenüber kleineren und mittelständischen Unternehmen wirkt Greenpeace aufgrund seiner Größe, Internationalität und Medienpräsenz inzwischen als Großmacht.

Doch in Relation zu Shell mit seinen beiden Holdinggesellschaften, der Royal Dutch Petroleum mit Sitz in Den Haag und The »Shell« Transport and Trading Company mit Sitz in London bleibt Greenpeace ein Zwerg. Shell zählt international zu den zehn größten Unternehmen der Welt. Es erwirtschaftete 1994 einen Umsatz von rund 210 Milliarden D-Mark, der selbst bei Abzug der hohen Steuern auf Öl und Ölprodukte bei über 150 Milliarden D-Mark liegt. Er ist damit vom Umsatz her die größte der sogenannten »sieben Schwestern«, also der sieben Ölmultis British Petroleum (BP), Exxon, Texaco, Chevron, Mobil, Gulf und eben Shell, die den Weltmarkt beherrschen. Natürlich zählt Shell damit im europäischen Raum zu den größten und erfolgreichsten Unternehmen der neunziger Jahre. In der jährlichen »Hitliste« der größten und erfolgreichsten Unternehmen der *Frankfurter Allgemeinen Zeitung* nimmt der Konzern gemessen an dem genannten Umsatz von 210 Milliarden D-Mark in Europa 1994 Platz eins ein. Im Vergleich dazu schneiden die deutschen Chemieriesen BASF oder Bayer in dieser Rangliste bescheiden ab. Vergleicht man ihre Umsatzgrößen, liegen sie in Europa 1994 auf den Plätzen 31 und 32 und kommen nur auf ein Fünftel des Umsatzes der Royal Dutch/Shell Group. Im Weltmaßstab steht Shell 1994 damit auf Rang zehn hinter den großen japanischen und amerikanischen Konzernen.

Wirft man aber einen Blick auf den Gewinn des Unternehmens, wirkt Shell noch erfolgreicher. Mit rund neun Milliarden D-Mark Gewinn ist Shell derzeit das gewinnträchtigste Unternehmen auf dem weltweiten Börsenparkett und hat sogar die US-Giganten General Electric und Ford Motor auf die Plätze verwiesen.

Woher kommen aber die Umsätze und Gewinne des Konzerns? Die Royal Dutch/Shell Group hat die fünf Geschäftsbereiche Exploration und Förderung, Mineralöl, Erdgas, Chemie sowie Kohle. Sie ist also nicht nur im reinen Ölgeschäft tätig, sondern beispielsweise auch eines der größten Chemieunternehmen der Welt. Laut Angaben von Shell besitzt die Gruppe in über 100 Ländern, darunter alle europäischen Staaten, rund 2.000 Unternehmen mit einer Beteiligung von mindestens 20 Prozent. Shell selbst beschäftigt rund 106.000 Mitarbeiter und verfügt weltweit über etwa 50.000 Tankstellen, davon gut 1.700 in Deutschland.

Die Macht des Mutterkonzerns mit seinen Hunderten von Tochtergesellschaften spiegelt sich auch auf dem deutschen Markt wieder. Bei der Tochtergesellschaft Deutsche Shell AG arbeiten in der Bundesrepublik über 3.000 Mitarbeiter. Mit 531 Millionen D-Mark Gewinn fuhr die Aktiengesellschaft 1994 ein gutes Ergebnis ein und wies mit fünf Prozent eine hohe Umsatzrendite auf.

Angesichts dieser Zahlen wiegt der Erfolg von Greenpeace, den Giganten in die Knie gezwungen zu haben, um so schwerer. Allerdings stand dieser auch in den letzten Jahrzehnten bereits hin und wieder in der öffentlichen Kritik. Doch ein derartig medienträchtiges Umweltdesaster ist dem Konzern bisher noch nicht unterlaufen. Er mußte auch noch nie eine Tankerkatastrophe vom Ausmaß der *Exxon Valdez* vor Alaska verkraften, wie dies dem Branchenkollegen Exxon im Frühjahr 1989 wiederfuhr. Politisch wurde der Konzern aber schon häufiger angegriffen. So geriet Shell gemeinsam mit BP Ende der sechziger Jahre in die Schlagzeilen. Damals fiel

Tochtergesellschaften der Royal Dutch/Shell Group weltweit

Royal Dutch Petroleum Company
Niederlande
Eigentümer: 295.000 Aktionäre, darunter Banken und Versicherungen, größtenteils Kleinaktionäre

60%

Shell Petroleum N.V.
Niederlande

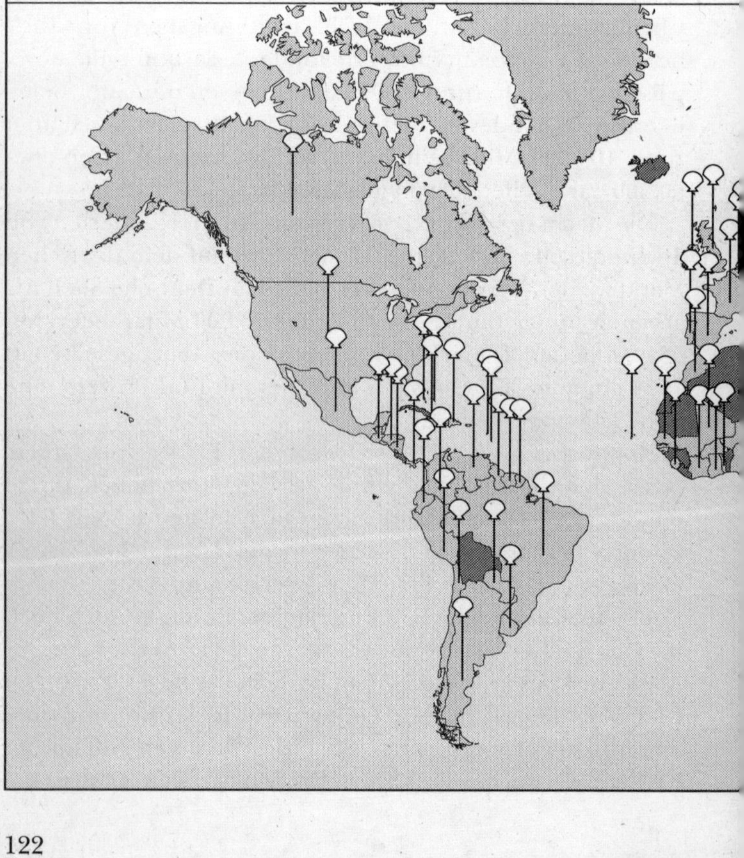

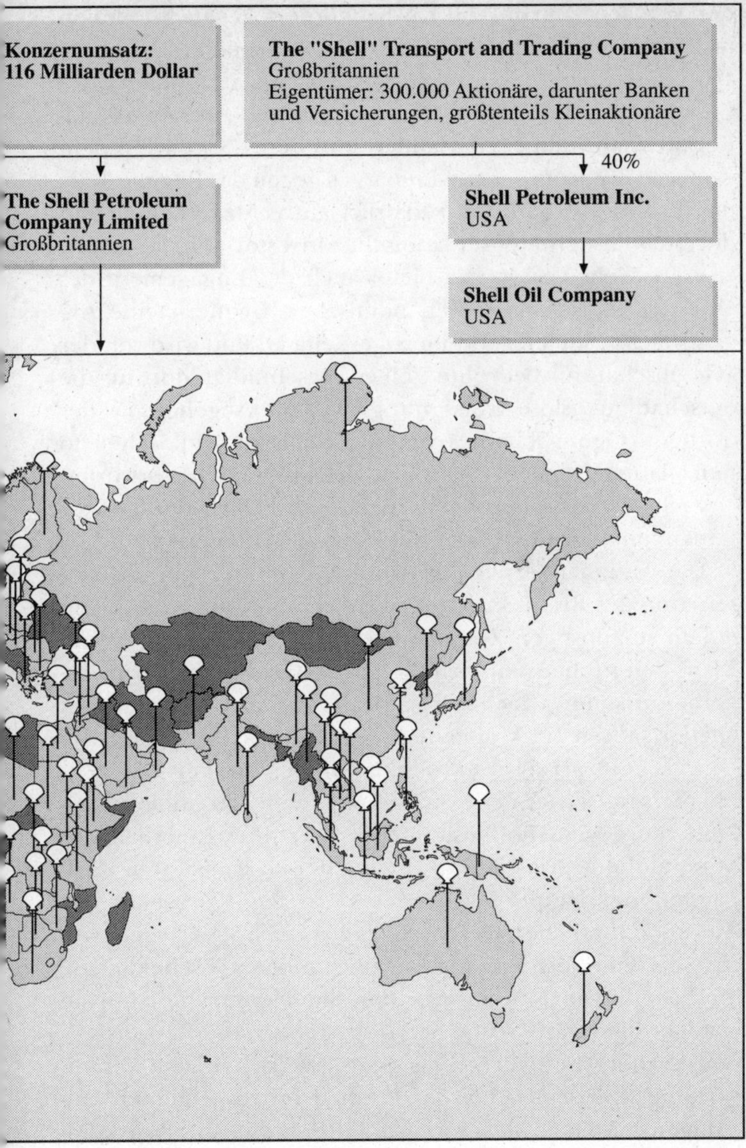
Konzernumsatz:
116 Milliarden Dollar
The "Shell" Transport and Trading Company
Großbritannien
Eigentümer: 300.000 Aktionäre, darunter Banken und Versicherungen, größtenteils Kleinaktionäre
40%
The Shell Petroleum Company Limited
Großbritannien
Shell Petroleum Inc.
USA
Shell Oil Company
USA

der Verdacht auf sie, die UN-Sanktionen gegen Rhodesien unterlaufen und Ölprodukte in das Land geliefert zu haben.

In den achtziger Jahren stand Shell verstärkt wegen ihres Engagements in Südafrika unter Beschuß. Anti-Apartheid-Komitees aus den Niederlanden und den USA warfen dem Konzern vor, trotz des UN-Embargos gegen das Regime Teile der Erdölversorgung in Südafrika aufrechtzuerhalten und dort 1988 als größter ausländischer Investor tätig geworden zu sein. Neben Südafrika bietet auch das Engagement des Ölmultis in Nigeria seinen politischen Gegnern eine Angriffsfläche. Shell fördert im Nigerdelta Öl und wird von der »Gesellschaft für bedrohte Völker« beschuldigt, dort für die entschädigungslose Enteignung 500.000 Angehöriger des dortigen Ogoni-Stammes verantwortlich zu sein. »Shell to hell« lautete eine der Parolen, die aus diesen Vorwürfen erwuchs und von den Shell-Gegnern anläßlich der Tiefseeversenkung der Brent Spar wieder aufgegriffen wird.

Die Auseinandersetzungen mit Greenpeace um die Versenkung der Brent Spar treffen den Shell-Konzern somit zu einem ungünstigen Zeitpunkt. Da nach den Angaben von Klaus-Peter Johanssen, dem Leiter der Shell-Unternehmenskommunikation, die »Werbeerinnerung an Shell« in den letzten Jahren stark abgenommen hat und die qualitative Unterscheidbarkeit des Produkts von der Konkurrenz nicht möglich ist, startet der Konzern eine neue, 30 Millionen D-Mark teure Medienoffensive für das Jahr 1995. Innerhalb der Mineralölindustrie gilt dies als eine der kostspieligsten Kampagnen überhaupt. Im Vergleich zu den Werbeetats der Automobilbranche, die um ein vielfaches höher liegen, verfügt die Ölindustrie insgesamt über einen »bescheidenen« Werbeetat. Die Kernaussage der Shell-Kampagne möchte weniger die Produkt- und Serviceleistungen des Konzerns in den Vordergrund rücken als seine gesellschaftliche Verantwortung und seine über das Produkt hinausgehenden Leistungen betonen. Man kann so auf dem Slogan »Wir kümmern uns um mehr als Autos« thematisch aufbauen. Auch Wochen nach dem Beginn der Werbekampagne in den Medien ahnt noch niemand, daß sich diese Parolen bald ins Gegenteil verkehren werden. Als die Greenpeace-Aktivisten am 30. April erstmals die Brent Spar besetzen, zeigt sich der Konzern offenbar unvorbereitet. So ist die Ölplattform nicht gegen eine Besetzung gesichert worden. Der Chef der Deutschen Shell AG, Peter Duncan, erklärt am gleichen Tag, er habe von den Entsorgungsabsichten der Brent Spar »mehr oder weniger aus dem Fernsehen« erfahren. Spätestens als die Aktivisten vier Wochen danach von der Plattform vertrieben werden, hätte Shell die Brisanz der Situation erkennen und ein entsprechendes Operations- und Kommunikationskonzept entwikkeln müssen.

Die Auseinandersetzungen um die Brent Spar beginnen sich Anfang Juni zu verschärfen, als Greenpeacer die Transportvorbereitungen der Brent Spar stören. Greenpeace-Sprecher Ulrich Jürgens droht jetzt bereits an, die Akteure würden hinter dem Schleppzug herfahren und diesen »aktiv dokumentieren«.

Die Deutsche Shell AG versucht unterdessen der Entwicklung mit sachlichen Argumenten entgegenzutreten. Peter Duncan erklärt in einem Brief an seine Mitarbeiter, die Versenkung finde nicht deshalb statt, weil sie billiger sei, sondern weil bei der Landentsorgung die Gefahr des Zerbrechens der Plattform bestehe. Die Gefahren lägen deshalb bei der Landentsorgung um ein vielfaches höher. Am Dienstag, den 13. Juni, geht Duncan noch davon aus, daß die Plattform in zwei Wochen versenkt wird, aber er teilt seinen Angestellten auch mit, »es werden schwere Wochen für uns sein«.

Shell bemüht sich verstärkt um eine intensivere Aufklärung der Öffentlichkeit. In den Augen des Konzerns ist es unumstritten, daß die Brent Spar rund 100 Tonnen schwermetallhaltigen Ölschlick birgt. Darin sind rund zehn Tonnen Rohöl, sechs Kilo Cadmium, neun Kilo Blei, 43 Kilo Kupfer

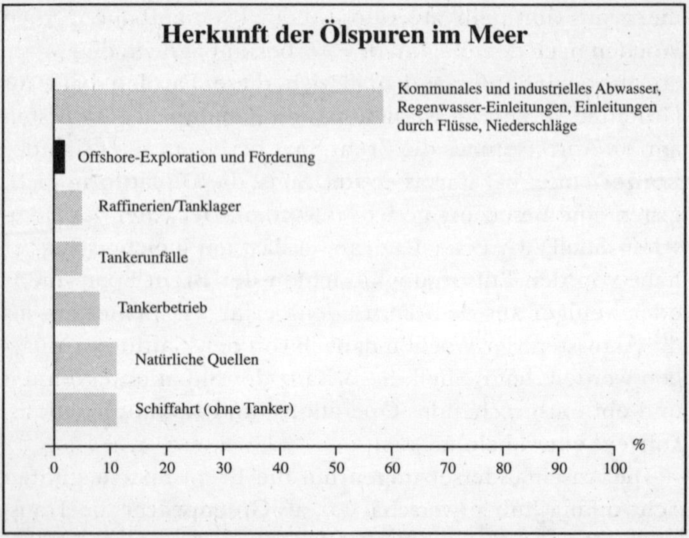

sowie kleinere Mengen Chrom, Nickel, Arsen und Quecksilber enthalten. In die Diskussion geraten dabei immer häufiger die 30 Tonnen schwach-radioaktiven Salze, die aus natürlichen Quellen im Meeresgrund stammen.

Allerdings dürfe man, so Shell, die Relationen dieser lokalen Tiefseebelastung nicht aus den Augen verlieren. Immerhin fließen jährlich rund zwei Millionen Tonnen Öl in die Meere, die zum weitaus größten Teil aus Kläranlagen, Industrieabfällen, Flüssen und dem Regen stammen. Weiterhin ist an den Öleinleitungen im Meer zu rund zwölf Prozent die internationale Schiffahrt beteiligt. Allein die Ölzufuhr aus natürlichen Quellen macht rund elf Prozent aus. Lediglich für die verbleibenden 18 Prozent zeichnet die Ölindustrie verantwortlich. Sieben Prozent gehen dabei auf den Tankschiffbetrieb zurück, fünf auf Tankerunfälle und vier auf Raffinerien und Verladeterminals. So macht die Offshore-Ölförderung gerade zwei Prozent der Ölspuren im Meer aus. An einem Arbeitstag geben so die rund 200 britischen Bohrinseln mehr Öl in die südliche Nordsee als sich in den Tanks der Brent Spar befinden. Insgesamt fließen aus den über 400 Öl- und Gasplattformen der Nordsee jährlich rund 19.000 Tonnen Erdöl ins Meer, also etwa das 200fache der Ölrückstände der Brent Spar.

Greenpeace hält dagegen, daß im Inneren der Plattform rund 130 Tonnen »giftiger und radioaktiver Abfall« lagern. Wichtiger sei allerdings, daß die Entsorgung der Brent Spar einen Präzedenzfall schafft. Letztlich gehe es um die Frage, was man mit den übrigen 400 Anlagen der Nordsee machen soll. Greenpeace-Sprecher Hamdan Fouad vermutet: »Die internationalen Großkonzerne wollen noch weitere 53 hochgiftige Ölanlagen an ihren derzeitigen Standorten in der Nordsee sprengen.« Darüber hinaus möchte Greenpeace das Verursacherprinzip, das die Produzenten und Nutzer von Anlagen auch für ihre Entsorgung verantwortlich macht, künftig stärker berücksichtigt sehen.

Der Chef der Deutschen Shell AG möchte diese Sichtweise auf keinen Fall gelten lassen. In den ARD-Tagesthemen vom 13. Juni, also drei Tage vor der Besetzung der Plattform, erklärt er den Beschluß zur Tiefsee-Versenkung für »endgültig«. In Zukunft werde man sich aber um eine Entsorgung an Land bemühen.

Jetzt ergreift Greenpeace selbst die Initiative und ruft zu einem öffentlichen Wettbewerb für die Entsorgung der Brent Spar auf. Damit werden Unternehmen, Werften und Abwrackbetriebe aufgefordert, umweltgerechte Techniken hierfür anzubieten. Greenpeace mutmaßt, daß die Kosten der Landentsorgung von Shell extrem hoch angesetzt wurden. Ziel der Aktion ist es, die Kostenvoranschläge für die Landentsorgung, die bei den im Shell-Auftrag erfolgten Gutachten gemacht wurden, zu unterbieten.

Unterdessen gelingt es Greenpeace am 16. Juni zwei Aktivisten auf die Plattform zu bringen. Jetzt kann man Shell in seinen Stellungnahmen doppelt angreifen. Zum einen läßt sich der Konzern mit Hilfe der beiden Besetzer unter Druck setzen. So betont Greenpeace-Sprecher Cheryl Baxter, die beiden seien bereit, mit der Brent Spar unterzugehen. »Sie werden sich nicht von dort wegbewegen.« Zum anderen bezieht Greenpeace auch inhaltlich Position gegen die Behauptungen des Konzerns. Während Shell immer wieder betont hat, an Bord der Brent Spar seien rund 100 Tonnen Ölschlamm, veröffentlicht Greenpeace, daß die Proben, die bei ihrer ersten Besetzung genommen worden seien, auf rund 5.000 Tonnen Öl hindeuten.

Shell kann dies nur dementieren und erklärt, die Lagertanks seien bereits 1991 bei der Außerbetriebnahme entleert worden. Der Ölkonzern wird unterdessen aber noch an einer weiteren Front angegriffen. Der Boykott der Tankstellen in Deutschland zieht Kreise. In einigen Regionen haben die Tankstellenpächter Umsatzeinbußen zwischen 20 und 50 Prozent zu beklagen. Peter Duncan bewertet den Absatzeinbruch für mittelständische Pächter als »katastrophal«, reagiert aber zögernd: »Wir denken daran, unsere Pächter finanziell zu entschädigen.« Seit einigen Tagen muß Shell aber auch in den Niederlanden, Dänemark und teilweise in Großbritannien Boykotteinbußen an den Tankstellen hinnehmen.

In Aberdeen, der Zentrale von Shell U. K. ist man dagegen fassungslos über das Vorgehen der Greenpeacer in der Nordsee. Eine Sprecherin zeigt sich »entsetzt, wie sich die Umweltschützer verhalten«.

Aus Hamburg kommen in diesen Stunden erste Meldungen, man wolle die Verschrottung im Meer verschieben. Dies geschehe weniger deshalb, um die Entscheidung noch einmal zu überdenken, sondern, um denjenigen, die Zweifel an der Entscheidung hegten, den Beschluß nochmals zu erläutern. Triumphierend über einen weiteren kleinen Teilerfolg der Umweltschützer titelt *die taz* aus Berlin doppeldeutig: »Shell legt eine Senkpause ein«.

Inzwischen sind auch die ersten Reaktionen auf die Greenpeace-Ausschreibung zur kostengünstigen Entsorgung der Brent Spar an Land eingetroffen. So kommt das holländisch-amerikanische Firmenkonsortium Heerema-Mac Dermott zu einem überraschenden Teilergebnis. Aus der Sicht des Unternehmens, das vorher bereits im Auftrag von Shell die Seeentsorgung der Brent Spar untersucht hat, gibt es weder »Umweltbedenken noch Sicherheits- oder Kostengründe, warum ausgediente Plattformen nicht an Land entsorgt werden können«.

Die Vorwürfe von Greenpeace greifen die Ölfirma aber auch noch von einer weiteren Seite an. So bezweifelt die Umweltorganisation nicht nur die Mengenangaben der in der Plattform vorhandenen Reststoffe, sondern wirft dem Konzern vor, 4.500 Liter des hochgiftigen Glyoxals schlichtweg verschwiegen zu haben. Greenpeace-Sprecher Jochen Vorfelder erklärt, die Brent Spar enthalte offenbar »mehr giftige Abfälle als bisher bekannt«. Greenpeace beruft sich auf einen Bericht aus dem britischen Landwirtschaftsministerium, in dem die Chemikalie von Shell nicht genannt wurde. Da sie nach britischem Recht als Sondermüll nicht ins Meer eingeleitet werden dürfe, sei eine Versenkung in der Nordsee unzulässig. Der Druck, der auf dem Konzern nun lastet, wird in den nächsten Tagen spürbar. Die einzelnen Shell-Töchter in der Bundesrepublik, Großbritannien oder den Niederlanden geben kaum miteinander abgesprochene Stellungnahmen zu den Angriffen von Greenpeace ab. Die Möglichkeit einer Änderung des Terminplans, wie sie der Chef der Deutschen Shell AG in Aussicht gestellt hat, trifft in London auf herbe Kritik.

»Das ist nicht richtig. Alles verläuft wie geplant.« weist eine Sprecherin der Shell U.K. die Vorschläge aus Deutschland zurück. Das zerrissene Bild von Shell wird dadurch ergänzt, daß sich der deutsche Shell-Chef bei seinen Aussagen auf eine Erklärung aus London berufen hatte.

Dem uneinheitlichen Erscheinungsbild der einzelnen Tochtergesellschaften setzt Greenpeace seine gesamte operative Entschlossenheit entgegen. Die beiden Besetzer auf der Brent Spar werden als Trumpf in der öffentlichen Diskussion geschickt ausgespielt. »Wenn Shell die ›Brent Spar‹ mit zwei Greenpeace-Besetzern versenken will, muß sie das tun, auch wenn unsere Besetzer auf der Plattform sind.«

Als am 20. Juni zwei weitere Besetzer auf die Brent Spar gelangen, gibt der Konzern auf. Aus London heißt es dazu: »Shell Großbritannien hat entschieden, auf die Versenkung in tiefer See zu verzichten und bei den britischen Behörden eine Lizenz zur Entsorgung auf Land einzuholen.« Der Konzern habe sich aufgrund der Kampagnen in einer »unhaltbaren Situation« befunden. Besonders in Deutschland, Dänemark und den Niederlanden sei es zu einem »riesigen Proteststurm« gekommen, nach dem man nicht zur Tagesordnung übergehen kann. In einer Pressekonferenz unter dem Motto »Umkehr mit Einsicht« begrüßt die Deutsche Shell am nächsten Tag die Entscheidung ihrer britischen Schwestergesellschaft. Besonders die Proteste in Deutschland hätten deutlich gemacht, daß sich eine wichtige Entscheidung ohne die notwendige Akzeptanz in der Gesellschaft nicht durchsetzen lassen. Unabhängig davon betonte Duncan allerdings, daß die ursprüngliche Entscheidung der Schwestergesellschaft in völliger Übereinstimmung mit den einschlägigen britischen Gesetzen und insbesondere den internationalen Konventionen von Paris und Oslo zum Schutz der Meere gestanden habe.

In gleichem Maße wie Shell die Niederlage eingestehen muß, kann sich Greenpeace über seinen Sieg freuen. »Ein Riesenerfolg für die Umwelt« feiern die Aktivisten in den nächsten Stunden, betonen aber gleichzeitig, sie würden auch den Rücktransport der Plattform begleiten, um sicher zu gehen, daß die Brent Spar auch tatsächlich an Land entsorgt wird.

Einige Tage später, am 27. Juni, versucht Shell, das Desaster durch ganzseitige Anzeigen in allen großen Tageszeitungen etwas zu lindern. In Anlehnung an die alte Shell-Kampagne »Wir wollen etwas ändern«, lautet der neue Slogan: »Wir werden uns ändern«. Fast reumütig erklärt der Konzern, in Zukunft besser auf seine Kunden hören und die kritische Öffentlichkeit sensibler wahrnehmen zu wollen. »Auch wenn das Lernen manchmal schmerzt – nur wer lernt, hat Zukunft«, lautet das Fazit von Peter Duncan nach der vernichtenden Niederlage.

Umgekehrt läßt es sich Greenpeace nicht nehmen, nach diesem Erfolg an die Öffentlichkeit zu gehen. Plakate mit folgenden Aufschriften »Greenpeace sagt DANKE« und »Wir bleiben am Ball« geben den Triumph der Umweltorganisation wieder, die den gelungenen Protest als einen Erfolg der europäischen Bevölkerung feiert. Im Aufwind der Medienberichterstattung startet Greenpeace einige Spendenaufrufe, die die gewaltigen Unkosten des Nordsee-Spektakels decken sollen.

5. Die politischen und wirtschaftlichen Folgen der Konfrontation

Der Kampf in der Nordsee ist entschieden. Greenpeace hat dem Ölmulti einen beträchtlichen Mißerfolg beschert. Die Kampfhähne werden in der nächsten Zeit Bilanz ziehen und einschätzen, was ihnen der Sieg beziehungsweise die Niederlage gebracht hat. Für Greenpeace steht bereits fest, daß die Kampagne gegen Shell rund drei Millionen D-Mark gekostet hat, die man durch verstärkte Spenden wieder auszugleichen hofft. Daneben hat die Umweltorganisation einen bisher einzigartigen Imagegewinn erzielen können, der bei künftigen Aktionen ein großes Plus bedeuten wird. In dem Maße wie Greenpeace bei der Konfrontation um die Brent Spar seinen

Bekanntheitsgrad gesteigert und Sympathien gewonnen hat, ruinierte Shell sein Image. Die Mehrkosten für den Konzern, die durch die teurere Landentsorgung entstehen, sind im Vergleich zu dem Gesichtsverlust in Deutschland, aber auch in anderen Teilen Europas, zu vernachlässigen. Die wirtschaftliche Substanz wurde durch den Vorfall in der Nordsee nicht angetastet.

Wesentlich schwerer wiegt da der Ansehensverlust der Ölfirma in nur wenigen Wochen, der derart drastisch für einen Konzern dieser Größenordnung bisher einmalig sein dürfte. Natürlich haben auch andere aufgrund technischer Fehler, operativer Pannen oder arroganten Auftretens ihrem Firmen- oder Produktnamen schweren Schaden zugefügt. Der Branchenkollege Esso erlebte sein Waterloo bei der Tankerkatastrophe der *Exxon Valdez* vor Alaska und hat besonders in den USA noch unter dem Ereignis zu leiden. Ähnliches widerfuhr auch dem Autohersteller Audi, dessen Kunden prozessierten, weil die Autos angeblich beim Bremsen noch beschleunigten und so zahlreiche Garagenwände demolierten. In Deutschland nahm das öffentliche Ansehen des Chemieriesen Hoechst 1993 durch eine Reihe von Störfällen in seinen Werken Schaden. Unvergessen bleibt auch ein Jahr später die Schneider-Pleite, die den Chef der Deutschen Bank, Hilmar Kopper, zu der Äußerung brachte, die Millionen-Verluste seines Hauses als »Peanuts« zu bezeichnen.

Der Imageverlust von Shell wiegt auch deshalb besonders schwer, weil der Konzern nicht wie seine Vorgänger aus Sorglosigkeit oder Arroganz gehandelt hat, sondern in den Augen vieler Beobachter aus wirtschaftlicher Berechnung. Zurecht spricht deshalb die Londoner *Financial Times* von einem »PR-Alptraum«, den die Aktiengesellschaft erleben mußte. Sie stand innerhalb weniger Wochen einer Front von Gegnern der Versenkung und Boykotteuren der Shell-Produkte gegenüber, die sich quer durch die bundesdeutsche Gesellschaft zog: Ob Parteien, Gewerkschaften, Verbände, ob

aus den Bereichen Wirtschaft, Politik oder Kultur – in der Bundesrepublik bildete sich eine breite Koalition gegen die Konzernpolitik. Dabei kann es wenig überraschen, daß die ehemalige Greenpeace-Vorsitzende Monika Griefahn als niedersächsische Umweltministerin die Möglichkeit einer Klage vor dem Europäischen Gerichtshof in Den Haag prüft oder der Bundesvorstandssprecher vom Bündnis 90/Die Grünen Greenpeace seinen Dank für ihren Einsatz ausspricht. Einmalig ist allerdings, daß die Stimmen der Shell-Kritiker auch über die SPD hinaus bis zur CDU/CSU, in das Kabinett und zum Bundeskanzler reichen. Noch nie hat ein

Konzern in der Bundesrepublik, der sich formal an geltendes Recht hält, eine derart breite und geschlossene Ablehnung erfahren.

Der SPD-Vorsitzende, Rudolf Scharping, bezeichnete die Entscheidung von Shell als einen »Sieg der Vernunft« und nimmt damit dem FDP-Generalsekretär Guido Westerwelle das Wort aus dem Mund, als dieser von einem »Sieg für die Umwelt« spricht. Aber auch unter den Regierungsparteien finden sich Kritiker von Shell. So sieht Bundesfinanzminister Theo Waigel die Landentsorgung als »einzig vertretbare Lösung an« und wird dabei von seinem Parteikollegen, dem bayerischen Ministerpräsidenten Edmund Stoiber unterstützt, der sich vehement gegen eine Versenkung ausgesprochen hat. Sogar Umweltministerin Angela Merkel, die zu dem Genehmigungsbeschluß der Tiefseeentsorgung monatelang geschwiegen hat, will darauf dringen, daß »Bohrinseln künftig nur noch an Land entsorgt werden können«. Ähnlich kritisch äußern sich Wirtschaftsminister Günter Rexrodt und Bundeskanzler Helmut Kohl zur Konzernpolitik und fordern ebenfalls eine Entsorgung an Land. »Wenn ich eine Firma hätte, würde ich nicht ein Verhalten an den Tag legen, das das Geschäft negativ beeinflußt«, lautet der Rat Helmut Kohls an die Konzernchefs.

»Shell schädigt die Umwelt, wir schädigen Shell«, verkünden dann auch Anzeigen in großen deutschen Tageszeitungen, die rund 50 Abgeordnete des Bundestages aus allen vertretenen Parteien unterschreiben. Die Unterzeichneten verpflichten sich in diesem Aufruf, keine Produkte des Shell-Konzerns zu kaufen, wenn er nicht auf die Versenkung der Plattform verzichtet. Die Politiker stehen damit nur an der Spitze einer Stimmung im Land, wie sie Greenpeace in einer Meinungsumfrage dokumentiert hat. Rund drei Viertel der Bundesbürger sprechen sich demnach gegen eine Versenkung der Brent Spar aus. Die Reihe der öffentlichen Gegner geht weit über den politischen Bereich hinaus. Ob IG-Metall-

Chef Klaus Zwickel, Schauspieler Harald Juhnke oder seine Kollegin Lotti Huber – alle kämpfen öffentlich gegen die Konzernpolitik. Selbst auf dem 26. Deutschen Evangelischen Kirchentag in Hamburg wird Shell massiv angegriffen. Beim Schlußgottesdienst am 18. Juni ruft der ehemalige Präsident des Bundesverfassungsgerichts und aktuelle Kirchentagspräsident, Ernst Benda, vor 80.000 Zuschauern zum Shell-Boykott auf. »Das Meer darf nicht als Müllkippe eines Ölkonzerns mißbraucht werden«, so heißt sein vielumjubeltes Fazit.

Der Shell-Konzern sieht sich damit einer bisher unbekannten Form öffentlicher Kritik ausgesetzt. Der Rückzug von seiner bisherigen Position kann ihm trotzdem nicht leicht fallen, beruft er sich doch mit der Tiefseeentsorgung auf die ökologisch und ökonomisch beste Lösung. Mit einem eventuellen Rücktritt wird er aber nicht nur seine Glaubwürdigkeit ankratzen, sondern auch die britische Regierung unter Premierminister John Major in Bedrängnis bringen. Immerhin hat Shell seit dem Entschluß die Brent Spar außer Betrieb zu stellen, 30 Gutachten anfertigen lassen, um der britischen Regierung die beste Lösung präsentieren zu können. Letztere hat die Entscheidungen des Konzerns akzeptiert und die Tiefseeentsorgung daraufhin in der Öffentlichkeit bekräftigt. »Die Brent Spar wird versenkt. Wir haben diese Entscheidung sorgfältig erwogen und dann getroffen.«, lautet das Statement von Major am Ende des Entscheidungsprozesses.

Den schwindenden europäischen Rückhalt erfährt Großbritannien dann deutlich auf der Vierten Nordseeschutzkonferenz am 8./9. Juni im dänischen Ejsberg. Knapp zwei Wochen vor dem Aufgeben des Shell-Konzerns wird der britische Umweltminister John Gummer hart attackiert. Alle Anrainerstaaten einigen sich, künftig ausgediente Offshore-Anlagen an Land zu entsorgen. Nur Großbritannien und Norwegen behalten sich Ausnahmen vor und müssen sich wegen ihrer Ölpolitik harter Kritik stellen. Besonders der dänische Umweltminister Svend Auken, der auch zu einem

Boykott von Shell-Produkten aufruft, greift Großbritannien wegen seiner Versenkungsgenehmigung für die Brent Spar mit Nachdruck an. Der britische Umweltminister Gummer wehrt sich entschieden gegen die Rolle des Sündenbocks unter den Nordseestaaten und geht daraufhin gegen Dänemark an: »Dänemark, der schmutzige Mann Europas, hat die Nordsee meines Wissens nach mehr als jedes andere Land verschmutzt.« Letztlich sei doch die Raubfischerei das größte Umweltproblem dieser Region. »Die wollen doch nur von ihren eigenen Problemen ablenken.«

Obwohl auch die Vierte Nordseeschutzkonferenz die Briten nicht von einer Versenkung der Brent Spar abbringen kann, gerät Major weiter in die Defensive. Außer Norwegen hat er keine Verbündeten für seine Nordseepolitik gewinnen können, denn auch in einigen europäischen Parlamenten beginnt der Druck auf Shell und die britische Regierung zu wachsen. So haben in Holland der Wirtschaftsminister Hans Wijers, die Umweltministerin Margaretha De Boer und der Justizminister Wini Sorgdrager öffentlich einen Boykottaufruf von Greenpeace und der Umweltorganisation »Stichting Natur en Milieu« unterstützt. Die EU-Kommissarin für Umwelt, Ritt Bjerregaard, bringt die öffentliche Meinung auf den Punkt: »Wie sollen wir den europäischen Bürgern erklären, daß es wichtig ist, gebrauchte Glasbehälter in spezielle Container zu werfen, wenn wir zur gleichen Zeit großen Ölgesellschaften erlauben, riesige Anlagen im Meer zu versenken?«

Den mangelnden Rückhalt in Europa spürt die britischen Regierung auch auf dem anschließenden Gipfel der führenden Industrieländer in Halifax. Bundeskanzler Kohl hat bereits im Vorfeld der Tagung das Thema Brent Spar unerwarteterweise auf die Tagesordnung setzen lassen. Kohl äußerte auf dem Gipfel sein Unverständnis gegenüber dem Verhalten von Shell und drängt Major, seine Position zu ändern. Bei den Protesten handle es sich »nicht um die Verrücktheit von ein paar Umweltschützern in Deutschland.«

Das Vorgehen des Bundeskanzlers ist ein zumindest ungewöhnlicher Schritt, da Major in dieser Angelegenheit zumindest formaljuristisch im Recht ist und nun aufgefordert wird, einem großen britischen Konzern in den Rücken zu fallen. Ungeachtet der mahnenden Stimmen trotzt Major den Widersachern und hält an seinem Beschluß zur Tiefseeentsorgung fest.

Nicht nur die britische Regierung, sondern auch ein Großteil der Bevölkerung kann deshalb die Aufregung der Deutschen über die Versenkung kaum nachvollziehen. Natürlich hält die majornahe britische Presse die Aufregung für völlig übertrieben, aber auch liberale Blätter wie der *Independent* sehen in der Versenkung der Brent Spar »keine ernsthafte Gefahr für die Umwelt.« Selbst die oppositionelle Labour Party kann oder will die Aufregung darüber nicht zum Schlag gegen den angegriffenen Premierminister Major nutzen. Die Partei bemüht sich, mit Greenpeace ins Gespräch zu kommen, um eine »gütliche Einigung« in diesem besonderen Fall zu erwirken. Das Unverständnis vieler Briten richtet sich weniger gegen Greenpeace als gegen die deutschen Politiker, die sich in ihren Augen von der Umweltorganisation gängeln lassen. In Großbritannien vermuten viele Zeitungen, daß die Grünen in Deutschland weiter an Bedeutung gewinnen und zunehmend zur entscheidenden dritten Kraft im Staate werden. Dementsprechend kann sich in den Augen vieler Kommentatoren auch Bundeskanzler Kohl dieser Entwicklung nicht entziehen und schlägt eine »grünere« Gangart ein. Für viele Briten ist diese Haltung unglaubwürdig, hatte doch die bundesdeutsche Umweltministerin Merkel noch im Mai diesen Jahres Shell und der britischen Regierung bestätigt, die Versenkungspläne würden sich an internationales Recht halten. Für die bundesdeutschen taktischen Kalkulationen haben deshalb die Parteien und die Öffentlichkeit wenig Verständnis und holen zum Gegenschlag aus. Gern wird zitiert, daß rund 50 Prozent der Nordsee-Verschmutzung aus dem

Rhein kommen und »der Rhein ist, soviel wir wissen, kein britischer Fluß«.

Bei seinen wochenlangen Verteidigungsreden hat Premierminister Major damit die Versenkung der Brent Spar auch zu einer Sache seiner eigenen Regierung gemacht. Als der Shell-Konzern am 21. Juni seinen Rückzug erklärt, stürzt er damit auch die britische Regierung in eine schwere Krise. Major erleidet damit nicht nur eine politische, sondern auch eine persönliche Niederlage und fühlt sich »tief gedemütigt«. Wirtschaftsminister Michael Heseltine bezichtigt Shell, der Konzern sei Major in den Rücken gefallen. Deutlicher wird da schon der Energieminister Tim Eggar, der schlicht konstatiert: »Shell hat die Regierung verraten.« Der britischen Regierung bleibt einzig noch festzustellen, daß man die Erlaubnis zur Abwrackung an Land so lange nicht geben werde, bis bewiesen sei, daß dieses Verfahren die Umwelt nicht belaste. Energieminister Eggar versucht nun, den Ölmulti einzuschüchtern: »Shell wird nun beweisen müssen, daß die Ergebnisse der drei Jahre dauernden Forschungsarbeit falsch waren.«

Die Folgen der Konfrontation sind in den nächsten Wochen weiter zu spüren. Eine Welle der Mißstimmung im Land und in den Medien droht den Premierminister zu überrollen. Wegen der politischen Turbulenzen ist Major kurz darauf gezwungen, sein Kabinett umzubilden, in dem er seinen ehemaligen Wirtschaftsminister Heseltine zum Vizeregierungschef macht. Aber auch in der Bundesrepublik hat der Konflikt um die Brent Spar Spuren hinterlassen.

Werden Unternehmensentscheidungen trotz gesetzlicher Grundlage in Europa aufgrund des Protests von Umweltorganisationen künftig öfter zu Fall gebracht werden? Gewinnen die Nichtregierungsorganisationen wie Greenpeace weiter an politischer Macht?

VI. Der Kampf am Mururoa-Atoll

Zu einem Zeitpunkt, als sich die ganze Kraft von Greenpeace auf die Auseinandersetzung in der Nordsee richtet, droht eine Meldung in den Medien unterzugehen, deren Reichweite für die Umwelt ungleich bedrohlicher ist als die Versenkung der Brent Spar: Frankreich will seine Atomtests auf dem Mururoa-Atoll wieder aufnehmen. Der neue französische Staatspräsident Jacques Chirac kündigt dies am 13. Juni an und erklärt seinen Beschluß sogleich für »unwiderruflich«. Der französische Präsident hebt damit einen Beschluß seines Vorgängers Francois Mitterrand auf, der im April 1992 die französischen Atomtests eingestellt hatte. Damit ist ein erneuter Konflikt von Greenpeace mit der französischen Atommacht vorprogrammiert, der sich bereits über mehr als zwei Jahrzehnte hinzieht. Greenpeace hat bereits 1972, 1973 und 1982 Protestfahrten zu dem Atoll unternommen, um gegen die Tests zu demonstrieren und sie möglicherweise ganz zu stoppen. Den traurigen Höhepunkt in diesem Konflikt bildete 1985 die Versenkung der *Rainbow Warrior* durch den französischen Geheimdienst. Seit 1966, dem Beginn ihrer Kernwaffenversuche auf dem Mururoa-Atoll, haben die verschiedenen französischen Regierungen im Südpazifik 175 Tests durchgeführt, 162 auf Mururoa und 13 auf dem benachbarten Fangataufa-Atoll. Besonders die 39 oberirdischen Tests auf Mururoa zeigten verheerende Folgen für die Region. Inzwischen ist der Inselsockel bereits derart rissig, daß bei künftigen Detonationen hochgiftiges Plutonium aus dem völlig kontaminierten Untergrund in den Ozean dringen wird. 1992 glaubte die Welt, aufatmen zu können. Frankreichs Präsident Mitterrand verkündete ein befristetes Atomtest-Moratorium und hofft auf seine Einhaltung auch nach seiner Amtszeit: »Ich vertraue meinen Nachfolgern.« Greenpeace war an dieser Entscheidung Mitterrands mitbeteiligt. Die *Rainbow Warrior* machte sich im April 1992 zu einer Protestfahrt nach Mururoa auf und brachte damit das Thema der Atomtests wieder in die französische Presse. Der Zeitpunkt war günstig, da der Wahlkampf um das Präsidentenamt in vollem Gange war und Mitterrand so unter Entscheidungs- und Rechtfertigungsdruck geriet. Der Erfolg ist nun erneut gefährdet. Dabei handelt es sich nicht nur um eine Laune des neuen Präsidenten Chirac. Bereits während der Amtszeit Mitterrands drängt das französische Militär und das Kommissariat für Kernenergie immer wieder auf eine Wiederaufnahme der Testreihen.

Mitterrand kann diesem Druck standhalten, doch sein Nachfolger Chirac verkündet direkt nach Amtsantritt die Wiederaufnahme der Tests. Die Reaktionen im In- und Ausland reichen von völliger Ablehnung über Skepsis bis hin zu rückhaltloser Zustimmung. Der neuseeländische Premierminister Jim Bolger meldet sich erwartungsgemäß als einer der ersten zu Wort und nennt Frankreich eine »napoleonische Kolonialmacht.« Sein Außenminister Don McKinnon attestiert dem französischen Premierminister sogar »napoleonische Arroganz.« Die Atomgroßmächte Rußland und USA reagieren zurückhaltender und bedauern den Schritt Frankreichs als Schlag gegen die Abrüstung. Ähnlich verhalten äußert sich auch Bundeskanzler Kohl, der die »souveräne Entscheidung« Frankreichs respektiert. Anders als bei dem Konflikt um die Brent Spar übt Kohl in den Medien keine direkte Kritik, sondern bespricht bei Regierungskonsultationen am 10. Juli 1995 in Straßburg den Problempunkt diskret »unter Freunden«.

Wesentlich deutlicher drücken sich vor allem Vertreter der Oppositionsparteien in der Bundesrepublik aus. Es bildet

Der »neue Napoleon«: Jacques Chirac.

sich allerdings keine derart geschlossene politische Gegnerschaft wie im Fall Brent Spar. Wer beim Weltgipfeltreffen in Halifax die damals vorgesehene Versenkung der Brent Spar und das Auftreten des Unternehmens Shell kritisiert habe, dürfe gegenüber der französischen Regierung »zu den Atomwaffentests mit ihren ungleich dramatischeren Auswirkungen nicht schweigen«, beanstandete die stellvertretende SPD-Vorsitzende Heidemarie Wieczorek-Zeul das Verhalten des Kanzlers. Das Bündnis 90/Die Grünen befürchten gar, daß mit der Entscheidung Frankreichs eine Lawine ausgelöst werden könnte und auch die anderen Atommächte Rußland, USA und China dem schlechten Beispiel künftig folgen würden.

In dieser Situation, fast zehn Jahre nach der Versenkung der *Rainbow Warrior*, entschließt sich Greenpeace, erneut

Richtung Muruoa zu fahren, um die Tests zu verhindern. Die *Rainbow Warrior II* steuert auf Neuseeland zu, um von dort aus Ende Juni in Papeete, der Hauptstadt von Französisch-Polynesien, anzukommen. Dort nimmt das Schiff am Montag, den 3. Juli, Kurs auf Mururoa. Unter den 21 Aktivisten befindet sich auch der Führer der polynesischen Unabhängigkeitspartei, Oscar Temaru, um den Kampf der Region für mehr Autonomie gegenüber Paris zu dokumentieren. Bereits die Ankündigung der Atomwaffenversuche hat in Papeete Gegendemonstrationen und Kundgebungen für mehr Unabhängigkeit ausgelöst. Die Polynesier fordern von Chirac die Möglichkeit eines Referendums, um selbst über die Tests abstimmen zu können. Paris dagegen betont immer wieder die Ungefährlichkeit der Tests und lädt Vertreter Polynesiens ein, vor der Testserie im September das Atoll zu besuchen. Auch nach den Versuchen sollen Wissenschaftler und Journalisten sowie Vertreter von Greenpeace die Möglichkeit bekommen, das Testgebiet zu begutachten.

Unterdessen ist die *Rainbow Warrior II* auf dem Weg von Papeete zum Mururoa-Atoll, das sie innerhalb einer knappen Woche, bis zum 10. Juli, erreichen wollen. Zwangsläufig werden dabei Erinnerungen wach an die Versenkung der *Rainbow Warrior* zehn Jahre zuvor. Und auch diesmal warnt die Regierung aus Paris, daß französische Kriegsschiffe innerhalb der Zwölf-Meilen-Schutzzone berechtigt seien, »nach Aufforderung Gewaltmaßnahmen zu ergreifen, das heißt, das Schiff zu betreten oder sogar Kanonenschüsse darauf abzugeben«. Daß dies keine leere Drohung ist, erfahren die Greenpeacer am Sonntag, den 9. Juli, als sie die Zwölf-Meilen-Zone überqueren. Die *Rainbow Warrior II* wird unter Einsatz von Tränengas von einem französischen Marinekommando geentert und beschädigt. Greenpeace muß nach Papeete zurückkehren, um sein Schiff zu reparieren und über das weitere Vorgehen zu beraten. Frankreich hat mit seinem Vorgehen einen militärischen Sieg errungen, der allerdings den Rück-

Unerbittlich: Französische Soldaten entern die Rainbow Warrior II.

halt Frankreichs für seine Atompolitik im Ausland weiter schwächt. Das militante Verhalten Chiracs hat die antifranzösische Stimmung in der Südsee weiter angeheizt. Dazu trägt auch der französische Premierminister Alain Juppe bei, der die Militäraktion folgendermaßen rechtfertigt: »Wenn Gesetze verletzt werden, dann müssen diese Gesetze mit den nötigen Mitteln durchgesetzt werden, und wir werden das auch in der Zukunft tun.«

Doch die Greenpeacer werden bei ihrer Rückkehr nach Papeete von einer jubelnden Menschenmenge empfangen, und die Demonstrationen gegen die Tests weiten sich aus. Greenpeace bereitet daraufhin eine »Friedensflotte« vor, in der australische und neuseeländische Schiffe friedlich gegen die Tests protestieren wollen. Der Kampf ist damit noch nicht entschieden, aber Chirac gerät mit seiner Atomwaffenpolitik mehr und mehr in die Defensive. Dies gilt umso mehr, da auch in Europa die Stimmen für einen Testverzicht Frankreichs immer eindringlicher werden. Es kommt sogar zu Tumulten im Europäischen Parlament, als Chirac dort eine Bilanz der französischen EU-Präsidentschaft ziehen will. Besonders die linken Fraktionen der EU-Länder unterbrechen die Rede des Präsidenten durch Zwischenrufe und weisen mit ihren Plakaten auf die menschenverachtende Atompolitik hin. Frankreich sieht sich in den nächsten Tagen in fast allen Medien vehement angegriffen. Wie im Fall Brent Spar werden aus einigen Ländern bereits erste Boykottaufrufe hörbar. In allen Ländern der Welt stellen sich Menschen die Frage, warum der neue französische Präsident Chirac eine derart unpopuläre Politik vertritt. Geht es ihm wirklich nur um die Demonstration militärischer Stärke? Oder machen die Tests auch strategisch Sinn? Stärken sie vielleicht seine innenpolitische Stellung?

Während Frankreich mit seiner Nuklearpolitik in aller Welt auf Ablehnung stößt, geben die Reaktionen in der französischen Bevölkerung ein merkwürdiges Stimmungsbild wider. Anders als in allen anderen europäischen Ländern kann sich Chirac der Zustimmung eines Großteils der Bevölkerung sicher sein. Rund 70 Prozent der Franzosen hätten das Moratorium zwar gern verlängert gesehen, aber immerhin zwei Drittel der Bevölkerung wollen, daß Frankreich auch künftig als Atomstreitmacht auftritt. So findet das Bekenntnis Chiracs zu militärischer Stärke und konsequenter Testdurchführung gerade am französischen Nationalfeiertag, dem 14. Juli, weitgehende Zustimmung in Frankreich. »Mein Entschluß ist unwiderruflich. Frankreich wird sieben oder acht Explosionen zünden, bevor 1996 der internationale Vertrag über ein endgültiges Verbot unterzeichnet wird.« Die Konsequenz Chiracs wird vielfach eher mit Stolz als mit Skepsis betrachtet. Geradezu ungläubig reagiert deshalb die Mehrheit der Franzosen auf die Proteste in den europäischen Nachbarländern. Paradoxerweise ist mit seiner Entscheidung für neue Atomtests die Popularität des neuen Präsidenten in Frankreich eher gewachsen als gesunken, die Durchsetzung der Versuche würde ihm sogar als persönlicher Erfolg angerechnet werden. Chirac kann mit Blick auf das Mururoa-Atoll seine innenpolitischen Schwierigkeiten etwas überdecken. Schwerer als die Explosionen in der Südsee wiegen seine innenpolitischen Probleme. Massenarbeitslosigkeit, eine notwendige Steuererhöhung oder die zunehmende Ghettoisierung der französischen Großstädte stellen ihn vor schier unlösbare Schwierigkeiten. Mit den Tests kann Chirac folglich nach innen Stärke demonstrieren und nach außen die Souveränität Frankreichs dokumentieren. So sieht der französische Verteidigungsminister Charles Millon die Wiederaufnahme der Tests als neues Mittel, die Unabhängigkeit Frankreichs zu stützen. Trotz der katastrophalen ökologischen Folgen wird die französische Armee auch nicht müde, die militärische Bedeutung der Tests zu betonen. Diese Argumentation kann in Zeiten der globalen atomaren Abrüstung kaum einleuchten. Frankreich beteuert aber, daß die Tests weniger zu einem ausgewogenen internationalen Kräftegleichgewicht beitragen sollen, sondern künftige strategische Erwägungen der Verteidigung betreffen. Getestet werden deshalb die TN-75 Sprengköpfe für die französischen U-Boote, die den bedeutendsten Teil des nuklearen Kampfpotentials Frankreichs ausmachen. Natürlich erscheinen die 600 atomaren Sprengköpfe Frankreichs angesichts der je 8.000 russischen und amerikanischen Sprengkörper eher gering, vielleicht sogar verzichtbar. Ohne die Tests und die notwendige Modernisierung der U-Boote, so argumentiert das französische Militär, wäre aber auch dieses Potential bald nicht mehr einsetzbar. Die Tests vor Mururoa geben für die Zukunft genaue Daten über die »Haltbarkeit« der Ladungen. Kritiker vermuten darüber hinaus, daß die Tests Frankreich dem langangestrebten Ziel nach kleineren Atomwaffen mit einer höheren Sprengkraft näher bringen. Diese »Atomwaffen-light« beinhalten neben strategischen Vorteilen auch diplomatische Möglichkeiten. Man kann ihre Sprengkraft derart gering halten, daß sie unter die Definitionsgrenzen von Teststoppabkommen fallen. Kleinere Explosionen sind insgesamt nicht so leicht meßbar und damit auch schwerer vertraglich zu unterbinden.

Französische Wissenschaftler rechtfertigen die nuklearen Tests, da sie die Möglichkeit bieten, weitere wissenschaftliche Daten zu sammeln. Als langfristiges Ziel gilt die elektronische Simulation derartiger Tests am Computerbildschirm. Auch wenn derartige Simulationen nicht vor dem Jahr 2005 möglich werden, betreibt Frankreich dieses Vorhaben intensiver denn je. 10,5 Milliarden französische Francs (drei Milliarden D-Mark) sind vorgesehen, um in dem Simulationsprogramm »Palen« künftige nukleare Detonationen überflüssig zu machen.

Trotz dieser »friedlichen« Perspektiven wächst der Druck auf die französische Regierung. Es bleibt abzuwarten, ob sie gegen den Willen einer wachsenden Zahl von Gegnern ihren Beschluß über die nächsten Jahre verwirklichen kann. Bereits jetzt geht die französische Zeitung *Liberation* davon aus, daß es wahrscheinlich notwendig sein wird, auch weiterhin Versuche durchzuführen«. Greenpeace wird deshalb auch einen erbitterten Kampf gegen die französische Nuklearpolitik führen müssen, allerdings mit steigendem internationalen Rückhalt.

VII. Greenpeace: Kritik für die Zukunft

1. Der Medienprofi

Der Erfolg von Greenpeace ist seit jeher eng mit der Aufmerksamkeit der Medien verbunden. Ohne die weltweite Veröffentlichung der Bilder kann keine noch so gelungene Kampagne eine breite Wirkung entfalten. Richard Titchen, Geschäftsführer von Greenpeace-Communications in London, beschreibt es treffend: »Was haben wir und die Welt davon, wenn wir ein Abflußrohr verstopfen, und keiner weiß davon?«

Greenpeace hat sich deshalb in den letzten beiden Jahrzehnten darauf konzentriert, seine Medienstrategien zu verbessern, um einen gezielteren Einfluß auf die Berichterstattung zu nehmen. Geradezu neidvoll müssen andere Konkurrenten aus Politik und Wirtschaft, die um die Aufmerksamkeit der Journalisten buhlen, miterleben, daß aus der kleinen Umweltschutzorganisation inzwischen erfahrene PR-Strategen geworden sind. Auch wenn die Greenpeacer selbst diesen Bereich ihrer Tätigkeit kaum thematisieren, sind sie doch zu einem Spitzenreiter der Einflußnahme geworden. Eine Studie über die Öffentlichkeitsarbeit und ihren Einfluß auf die Medien weist am Beispiel Greenpeace die exzellente Arbeit der Organisation nach. Der Autor Torsten Rossmann resümiert darin, daß Greenpeace über einen »bedeutenden Einfluß« auf die Umweltberichterstattung in der Bundesrepublik verfügt. Dies gilt umso mehr, da Greenpeace-Mitteilungen und ihre Inhalte »so gut wie unverändert, allenfalls um einiges ergänzt« in die Medien gelangen.

Die Pressemitteilungen der Umweltorganisation werden also kaum bearbeitet. Hinzu kommt, daß sie in Relation zu anderen Mitteilungen auch noch zu einem ungewöhnlich hohen Prozentsatz in die Zeitungen gelangen. »Damit determiniert die Greenpeace-Öffentlichkeitsarbeit maßgeblich Themen und Inhalte der Berichterstattung über die Organisation und ihre Arbeit.« So lautet ein Fazit der Studie, die den Umweltjournalismus insgesamt hinterfragt. Oftmals steht den Greenpeace-Verlautbarungen keine kritische umweltjournalistische Distanz gegenüber. Dieses »Musterbeispiel an Effizienz und Einflußnahme« kann man Greenpeace natürlich ganz zuletzt vorwerfen, vielmehr sollten sich die Journalisten fragen, warum sie die Meldungen der Umweltorganisation so kritiklos übernehmen oder ihnen so viel Platz einräumen. Die besondere Berücksichtigung der Greenpeace-Aktivitäten ist der Organisation keineswegs zugefallen, sondern das Ergebnis gezielter Medienarbeit. Im Zentrum der Strategien stehen dabei eine Reihe von Grundregeln, wie sie Bernhard Knappe in seinem Buch »Das Geheimnis von Greenpeace« aufgezeigt hat. Danach müssen die Meldungen einerseits vertrauenswürdig, andererseits aber qualitativ hochwertig sein, damit sie eine entsprechende Berücksichtigung finden. Die Geschichte muß deshalb von Greenpeace selbst recherchiert sein, so daß sie lesefertig weitergereicht und veröffentlicht werden kann.

Trotz allem ist es dabei wichtig, eine möglichst klare und einfache Botschaft zu formulieren. Verständlichkeit und Leichtigkeit verkaufen sich grundsätzlich besser als trockenes Detailwissen. Als weitere Sicherheit einer gelungenen Medienstrategie empfehlen sich darüber hinaus gute persönliche Kontakte zu den Journalisten. Greenpeace kann in diesem Punkt auf eine besonders fruchtbare Verbindung zwischen dem erfahrenen Greenpeacer McTaggart und CNN-Chef Ted Turner bauen. Die angesprochenen Erfolgskriterien kennt natürlich nicht nur Greenpeace, die Organisation wendet sie nur besonders professionell an. Zwangsläufig muß eine derart konsequente Strategie auch ihre Schwächen und Angriffspunkte haben. So kann das Prinzip der einfachen Meldung nicht immer den vollständigen Sachverhalt in all seinen Zusammenhängen wiedergeben. Im Streit um das Recycling von Automobilen ist es deshalb zu einer Auseinandersetzung zwischen der Ex-Chefin von Greenpeace, Monika Griefahn, und Mercedes Benz gekommen. Die Automobilindustrie trat 1991 mit einem Konzept an die Öffentlichkeit, das die Vorleistungen der Automobilindustrie zum Thema Recycling dokumentieren sollten. Danach lassen sich angeblich neben den schon recycelten metallischen Werkstoffen, die etwa 75 Prozent des verschrotteten Autos ausmachen, das restliche Viertel in Kürze weiterverwerten. Nach Aussagen der Industrie würden damit nur noch 50 Kilogramm ascheähnlicher Abfallreste zurückbleiben, die gefahrlos deponiert oder im Baubereich wiederverwendet werden können. Diese scheinbar wasserdichte Recycling-Kette schien nur schwer angreifbar. Doch Greenpeace bezog nicht nur die bei der Verschrottung anfallenden Reste in seine Berechnungen mit ein, sondern auch die bei der Erz- und Kohlegewinnung anfallenden Abraumhalden. In Relation zu dem Stahl, der in einem Fahrzeug verbaut wird, lastete Greenpeace diesem auch die entsprechenden Abraumhalden von etwa 20 Tonnen pro Fahrzeug an. Diese Strategie, die Umweltfolgen weit vor der Produktentstehung zu berücksichtigen, ist umstritten, hätte aber zumindest in der Argumentationskette von Greenpeace deutlich erklärt werden müssen. Unredlich wird die Begründung allerdings in dem Augenblick, wenn die frühere Greenpeace-Chefin und heutige Niedersächsische Umweltministerin, Monika Griefahn, diesen Sachverhalt in einem Interview des *Manager Magazin spezial* verzerrt wiedergibt. Als sie auf die riesige Müllhalde zu sprechen kam, sagte sie folgendes: »(...) 25 Tonnen Müll (...), die dann in der Regel als Sondermüll zu behandeln sind.« Selbstverständlich ist weggeräumtes Gestein kein »Sondermüll«, der in irgendeiner Form recycelt werden müßte. Nicht ganz ohne Grund fühlen sich betroffene Unternehmen durch derartige Verkürzungen unfair behandelt.

Ebenso gerechtfertigt wie Greenpeace in den letzten Jahren Kritik ausgeteilt hat, ist die Organisation selbst Opfer zahlreicher negativer Presseberichte geworden. 1991 mußte Greenpeace erstmals erfahren, was es heißt, selbst auf der Anklagebank der Medien zu sitzen.

Der Spiegel widmete im September 1991 seine Titelgeschichte der »Geldmaschine Greenpeace« und kritisierte gezielt deren hierarchische Struktur und ihre hohen Rücklagen. Er deckte dabei auch innerorganisatorische Streitigkeiten zwischen einzelnen Mitgliedern in der Organisation auf, die sich angeblich in »lähmende Grundsatzdebatten« stürzen und »harte Konkurrenzkämpfe« ausfechten. Damit attestierte das Nachrichtenmagazin der Organisation die schwerste Krise seit ihrer Gründung. In den nächsten Wochen erschienen auch in anderen Zeitungen der Bundesrepublik kritische Artikel über die Umweltorganisation, die die Vorwürfe des *Spiegel* aufgreifen. Das Thema findet aber über die Bundesrepublik hinaus Interesse. Ergänzt werden die Vorwürfe des *Spiegel* auch durch einen Beitrag in dem US-amerikanischen Magazin *Forbes*, das seine Titelgeschichte »The not so peaceful world of Greenpeace« (»Die nicht so friedliche Welt von Greenpeace«) den innerorganisatorischen Machtkämpfen widmet. Selbst in Australien ist Greenpeace der Sonntagszeitung *Harald Sun* eine Titelgeschichte »A whale of a fib« (»Ein großer Schwindel«) wert. Greenpeace reagiert auf diese Vorwürfe am 23.9.1991, also eine Woche nach der Titelgeschichte, mit einer ganzseitigen Anzeige »Meinungsmache« im *Spiegel*. Die angegriffene Umweltorganisation nimmt in diesem Beitrag vor allem auf die Vorwürfe Bezug, die die finanzielle Situation betreffen, und geht mit keinem Wort auf die innerorganisatorischen Schwierigkeiten ein. Die *Spiegel*-

Vorwürfe, Millionensummen auf Festgeldkonten gehortet zu haben, werden wie folgt gekontert: »Umweltpolitische Erfolge und zukünftige Herausforderungen verlangen nicht nur persönlichen Einsatz, sondern kosten viel Geld.« Die Anzeige mündet deshalb auch in einem Spendenaufruf. Es bleibt jedoch die Frage, warum die Mitarbeiter an der Basis für ihre lokalen Aktionen lediglich minimale Spesenzahlungen erhalten? Seit dieser Zeit hat sich die Organisation ein eigenes Computersystem zugelegt, das derartige Medienangriffe möglichst schnell zuordnen soll und die Informationen in die Londoner Medienzentrale »Greenpeace-Communications« weitergibt. Das System »Media Attack« soll dazu befähigen, möglichst schnell und möglichst gezielt Gegenmaßnahmen in der Presse einzuleiten. Daß dies in Zukunft noch öfter nötig sein kann, läßt auch der Dokumentarfilm »Greenpeace – Ende einer Legende« (»The man in the rainbow«) vermuten. Greenpeace verhinderte mit einer einstweiligen Verfügung, die Ausstrahlung des Films im Norddeutschen Rundfunk (NDR) am 10. Juli 1994. Dem Dokumentarstreifen wurden gravierende Mängel und Fehler attestiert, die Greenpeace schwer belasten, in den Augen der Organisation sogar verleumden sollten. Dem dänischen Filmemacher Michael Klint warf Greenpeace vor, er transportiere mit dieser Sendung Gedankengut rechtsextremer US-amerikanischer Gruppen, die die Umweltorganisation zerstören wollen. Ob und in welcher Form dies geschieht, hätte Greenpeace in einer Fernsehdiskussion mit dem Dokumentarfilmer durchaus klären können, sagte aber die Gesprächsrunde ab. Greenpeace hatte auch in Dänemark vor dem Presserat gegen eine Vorführung des Filmes geklagt, war aber abgewiesen worden. So lief der Beitrag nicht nur in Dänemark, sondern auch in Schweden, Finnland und Norwegen. Unabhängig davon, ob und inwieweit die gegenseitigen Vorwürfe berechtigt sind, hat Greenpeace bis heute der Öffentlichkeit die Möglichkeit genommen, sich ein eigenes Bild über die Vorwürfe im Film zu machen. Nicht nur aus diesem Grund mehren sich die Stimmen, die ein Ungleichgewicht zwischen der Fähigkeit, Kritik auszuteilen und sie andererseits auch einzustecken, ausmachen. »Wer austeilt wie ein Rambo, entpuppt sich als ein Sensibelchen, wenn es ans Einstecken geht.« kommentierte Heinz Heck von *Der Welt* diese Schwäche. In Zukunft wird Greenpeace in diesem Bereich angemessenere Reaktionsmöglichkeiten finden müssen, wenn es seine Sympathien weiter ausbauen will.

2. Der Kampagnenspezialist

Die erfolgreichen Kampagnen von Greenpeace haben lange Zeit das Image des Vereins geprägt. Besonders als Wal- und Robbenschützer machten sich die Regenbogenkämpfer unvergeßlich und erzielten dauerhafte Erfolge. Greenpeace gelang es in vielen Bereichen, die Sorge der Allgemeinheit zu artikulieren und sie gegen die Einzelinteressen einiger weniger durchzusetzen. Dieses wichtige Anliegen trug die Umweltorganisation in unzähligen Kampagnen nach außen und setzte dabei wiederholt auf einige grundlegende psychologische Mechanismen. Während der Konflikte schaffte es Greenpeace immer wieder, geradezu symbolhaft das Gute gegen das Böse darzustellen und die Gunst der Beobachter klar festzulegen. Stets gelang es der Organisation, als hoffnungslos unterlegener Kleiner dem scheinbar übermächtig Großen gegenüberzutreten. Der Kampf des Guten gegen das Böse läßt bei jedem Menschen die Hoffnung auf den Sieg des Guten aufkommen, der Anblick des Kleinen gegenüber dem Großen provoziert beim Betrachter Sympathie und den Wunsch nach Fürsorge. Diese einfachen psychologischen Muster können in keiner Weise die Erfolge von Greenpeace schmälern, sondern erlauben nur ein besseres Verständnis. Diese Strategien zur Sympathiegewinnung müssen jedoch künftig kritischer analysiert werden. Ähnlich wie sich im Medienbereich weitergehende Zusammenhänge immer schwerer in einfache und knappe Botschaften fassen lassen, verlieren auch die Kampagnen ihre Aussagekraft, wenn sie Inhalte allzusehr verkürzen. Früher fielen in den spektakulären Antiwalfang-Aktionen Protest und Lösung fast zusammen. Man verhinderte das Abschlachten der Wale und teilte der Welt das Anliegen mit, künftig ganz auf Walfang zu verzichten. Derartig klare Statements sind heute kaum noch zu treffen, die Lösungsansätze wesentlich schwerer zu entwikkeln. Egal ob bei den Chemiekampagnen oder dem Kampf um die Müllentsorgung – es wird zunehmend schwieriger neben dem Protest gegen die bestehenden Praktiken neue und machbare Lösungswege in entsprechenden Aktionen zu symbolisieren. So hat Greenpeace in den letzten Jahren neben einer Reihe gelungener Aktionen auch einige Flops erleben müssen. Die Zeitschrift *aktiv* berichtet, daß Greenpeace im Herbst 1994 mehrere hundert Kanister von sechs verschiedenen Pflanzenschutzmitteln vor das Vertriebsbüro des Chemiekonzerns Bayer kippte. Die Aktion sollte die Grundwassergefährdung aus den Pflanzenschutzmitteln des Konzerns veranschaulichen und anklagen. Allerdings ergab eine Untersuchung, daß vier der Substanzen weder bei Bayer hergestellt noch vertrieben werden. Die anderen beiden waren sogar in Wasserschutzgebieten zugelassen. Wissenschaftliche Ungenauigkeiten oder Fehler begleiteten auch eine Abwasseraktion in Leverkusen, während der Greenpeace Abwasserwerte veröffentlichte. Der angegriffene Bayer Konzern konnte allerdings nachweisen, daß bestimmte Substanzen gar nicht aus seiner Kläranlage stammten, so daß Greenpeace seine Werte öffentlich widerrufen mußte. Blindes Vertrauen in die Aussagen der Umweltschützer ist also keinesfalls angebracht. Der Kampf um die medienträchtigen Aktionen wird von Angreifern und Angegriffenen zunehmend aggressiver geführt. Nicht zuletzt der Konflikt um die

Ölplattform Brent Spar zeigte hier neue Dimensionen auf. Die von Greenpeace geführte Kampagne bewirkte eine starke Emotionalisierung der Diskussion, die für Sachargumente wenig Platz ließ. Ähnlich dem Schema vergangener Unternehmungen hat auch hier der Kleine dem Großen beziehungsweise der Gute dem Bösen einen medienträchtigen Kampf in der Nordsee geliefert. Ulrich Jürgens, der langjährige Greenpeace-Skipper erkannte diese Konstellation von vornherein: »Das wird die Geschichte für diesen Sommer. Da ist alles dran. Die visuelle Durchschlagkraft, der Symbolgehalt, ein mächtiger Gegner.«

Eine solche Aussage wirft die Frage auf, ob es Greenpeace tatsächlich ausschließlich um umweltpolitische Inhalte geht, oder ob die Organisation nicht Gefahr läuft, sich ausschließlich auf medienträchtige Geschichten zu konzentrieren, die eine deutliche Zunahme der Spendengelder versprechen.

Unabhängig davon, wer von beiden Parteien juristisch oder umweltpolitisch im Recht war, den Ausschlag gab allein die emotionale Kraft von Greenpeace und nicht das bessere Argument. Eine derartige Emotionalisierung eines Konflikts birgt aber immer die Gefahr, daß ein möglicher Kompromiß oder das bessere Argument auf der Strecke bleiben, weil sie nicht so gut vermittelbar sind. Damit kommt den Entscheidern von Greenpeace bei der Auswahl ihrer Aktionen eine ganz besondere Verantwortung zu. Der einstige Zwerg ist längst zu einem Öko-Imperium geworden, das mit unbedachten Kampagnen nicht nur wirtschaftliche Existenzen ruinieren kann, sondern in der Lage ist, rechtmäßig abgesicherte Entscheidungen zu Fall zu bringen. Ein solches Machtpotential in den Händen einer nicht demokratisch gewählten und noch nicht einmal demokratisch strukturierten Organisation scheint mehr als bedenklich. Ist es wirklich sinnvoll, wenn Greenpeace sich in der Frage der Atompolitik in das Gleichgewicht der Staaten einmischt und darüber mitbestimmt, wer nun in Zukunft Atomtests durchführen darf und wer nicht?

Warum konzentriert sich die Umweltorganisation im Moment ausschließlich auf Chiracs Aktivitäten und läßt z. B. Chinas ebenso gefährliche Atompolitk außen vor? Warum kämpft Greenpeace mit ganzer Kraft gegen die Tiefseeentsorgung einer alten Ölplattform in der Nordsee und vernachlässigt gleichzeitig die Umweltprobleme in Osteuropa oder Asien, die ein viel dringlicheres Einschreiten rechtfertigen würden? Greenpeace muß sich den Vorwurf gefallen lassen, seine Aktionen eher nach dem Symbolgehalt und der Breitenwirkung als nach realen Umweltbedürfnissen auszurichten. Oftmals scheint also die Aktivierung der Spendenmillionen den Ausschlag für oder gegen eine Kampagne zu geben. Wichtige, aber wenig spektakuläre Themen fallen so unter den Tisch. Andererseits spricht das Erreichte in vielen Bereichen auch für die Organisation. Greenpeace kann Erfolge verzeichnen, die eine multinationale Organisationen wie z. B. die Vereinten Nationen nicht vorweisen kann, denkt man nur an die Konferenz über Umwelt und Entwicklung in Rio de Janeiro im Jahre 1992, die außer verbalen Zugeständnissen bis jetzt in keiner entscheidenen Frage eine Veränderung bewirken konnte.

3. Innerorganisatorische Turbulenzen

Mit den wachsenden finanziellen und organisatorischen Möglichkeiten der Organisation tauchte seit Anfang der neunziger Jahre immer wieder die Frage nach der innerorganisatorischen Demokratie bei Greenpeace auf. Wer bestimmt die Richtung des Vereins? Wer verfügt über die Finanzen? Die bereits erwähnte *Spiegel*-Titelstory übte herbe Kritik an den Entscheidungsstrukturen und stellte fest: »Die Greenpeace-Unterstützer, rund 700.000 sollen vor allem die Kasse auffüllen. Darüber mitbestimmen, was mit dem Geld gemacht wird, dürfen nur die 30 sogenannten Steuerungsmitglieder – gerade 0,004 Prozent der Mitglieder haben also das Sagen.« Greenpeace selbst gibt vor allem zwei Gründe für diese Entscheidungsstrukturen an. Zum einen kann man so die Unterminierung des Vereins durch die Industrie verhindern und läuft nicht Gefahr, daß die ureigenen Ziele von Greenpeace unterwandert werden. Zum anderen schaffen kurze Entscheidungswege auch die Grundlage für unerwartetes und schnelles Handeln: Thilo Bode sieht die Vorwürfe gelassen: »Im Schlauchboot kann man nicht abstimmen.« Dieser Satz aber erinnert eher an die Ideologie einer Armee als an die einer Umweltorganisation. Wie überhaupt die gesamte Greenpeace-Terminologie ziemlich militante Züge trägt. Für eine Organisation, die sich den gewaltfreien Widerstand auf ihr Banner geschrieben hat, eine seltsame Verhaltensweise. So einleuchtend Bodes Erklärung auf den ersten Blick scheint, muß sich Greenpeace zumindest zwei Kritikpunkte gefallen lassen: Kann sich eine Umweltorganisation wirklich derart undemokratische Entscheidungsstrukturen leisten, ohne ihr eigenes Selbstverständnis und ihre Tradition zu verletzen? Selbst wenn man die schnelle Entscheidungsfähigkeit der Organisation besonders betonen möchte, bleibt die Frage, warum die Förderer nicht wesentlich mehr Einblick in das Tagesgeschehen und die Finanzpolitik erhalten. Mit weitergehender Kritik an letzterer tut sich die Organisation offenbar schwer. Dies mußte auch der Wissenschaftler Jakob von Uexküll feststellen, der nach Angaben des *Spiegel*, aufgrund interner Auflehnung gegen die Entscheidungsstrukturen und die Finanzpolitik seinen Vorstandsposten verlor und aufgefordert wurde, seine Mitgliedschaft aufzugeben. Er hatte öffentlich vorgeschlagen, finanziell auch notleidende Umweltprojekte zu unterstützen. Diesen wenig souveränen Umgang mit Kritikern hat Greenpeace aufgrund seiner finanziellen Struktur eigentlich nicht nötig. Ein Blick in die jährlich veröffentlichten Bilanzen zeigt, daß die Organisation fast drei Viertel ihrer jährlichen Aufwendungen für internationale Kampagnen ausgibt. Auch wenn sich diese Zahl ohne nähere Informationen nur schwer interpretieren läßt, macht sie doch die Kampagnenbereitschaft und den Aktionsreichtum der Organisation deutlich. Allerdings wird Greenpeace immer häufiger vorgeworfen, das Geld zu horten und entsprechend festzulegen. Immerhin verfügte Greenpeace Deutschland Ende 1994 über mehr als 63 Millionen D-Mark Rücklagen. Richtigerweise muß sich die Organisation gegen eventuelle Schadenersatzansprüche bei ihren Kampagnen absichern und im Interesse ihrer Mitglieder und Angestellten auch für schlechtere Zeiten vorsorgen. Doch die Umweltorganisation kann auch nicht ausschließen, daß ihre Festgelder im Wirtschaftskreislauf umweltschädliche Unternehmen unterstützen. Es bleibt allerdings die Frage, ob eine Umweltorganisation deshalb gleich Rücklagen in dieser Größenordnung bilden muß. Etwas Aufklärung könnte hier Greenpeace selbst geben, doch zu den bisher geleisteten Schadenersatzzahlungen wird beharrlich geschwiegen.

Doch warum soll ausgerechnet eine Umweltorganisation nicht über größere finanzielle Mittel verfügen dürfen? Viele Kritiker halten Greenpeace hier entgegen, der Öko-Multi entferne sich auch im finanziellen Bereich immer weiter von seinen Wurzeln. Eine Organisation mit einem derartigen finanziellen Potential wird so selbst zu einem Machtfaktor, der in seinen Mitteln dem Gegner immer stärker ähnelt.

4. Die Annäherung an die Gegner

Eine Organisation wie Greenpeace in Deutschland mit seinen rund 63 Millionen D-Mark Rücklagen muß zwangsläufig andere Organisations- und Entscheidungsstrukturen aufweisen als ein kleiner Sportverein. Die Phase einer Kleinorganisation hat Greenpeace auch längst hinter sich gelassen. Man kann die Umweltschützer nicht mehr an diesem Maßstab messen. Betrachtet man aber die Medienarbeit, die Entscheidungsstrukturen und die innerbetrieblichen Abläufe der Organisation, so entsteht sehr wohl der Eindruck, daß vom Gründungsmythos von Greenpeace nicht mehr viel übrig geblieben ist. Wie ein moderner Industriebetrieb bereitet der Öko-Multi seine Mitarbeiter für die jeweiligen Kampagnen gezielt vor. Sie erhalten die notwendigen technischen und operativen Fähigkeiten von der Schornsteinbesteigung über das Manövrieren des Einsatzschiffes bis hin zur praxisbezogenen Computerbedienung. Nichts bleibt dem Zufall überlassen. Jeder Mitarbeiter wird speziell für seinen Einsatzbereich geschult. So bekommen die Mitarbeiter im Medienbereich ein spezielles Interviewtraining, um je nach Gesprächslänge ein Optimum an Aussage und Werbebotschaft zu verbreiten. Die Lobbyisten des Konzerns, die in den internationalen Organisationen oder den nationalen Regierungen der Welt die Greenpeace-Positionen einbringen sollen, erhalten ebenso ein spezielles Kommunikationstraining wie den gefährdeten Aktivisten genaue Umgangsformen mit der Polizei erläutert werden. Wie in einem modernen Großkonzern können Mitarbeiter, die für künftige Führungsaufgaben vorgesehen sind, ein entsprechendes Führungstraining absolvieren. Und ähnlich wie sich in vielen Betrieben mehr und mehr Ethik-Seminare etablieren, setzt auch die Umweltschutzorganisation auf ein spezielles Unterrichtsprogramm, das die Greenpeace-Philosophie erläutern soll. Die Organisation gleicht deshalb mehr einem modernen Dienstleistungsunternehmen in Sachen Umweltschutz als einer Umweltschutzorganisation herkömmlichen Typs. Doch Professionalität an und für sich stellt auch für eine NRO keinen Vorwurf dar, sie entspricht nur nicht den üblichen Klischees. Welche Risiken daraus aber erwachsen, macht der Fall von Beth Osborn Daponte deutlich, die als Statistikerin während des Golfkrieges im Washingtoner Kapitol arbeitete. Als man ihre Mitarbeit bei Greenpeace bemerkte und sie dabei ertappte, daß sie die

Opferbilanzen des Krieges ausforschte, wurde sie fristlos entlassen. Wie eine Spionin aus einem feindlichen Land war sie bei ihrer Tätigkeit erwischt und entsprechend entlassen worden. Ob man aufgrund dieses Vorfalls Greenpeace als einen »grünen CIA« bezeichnen kann, bleibt fraglich. Greenpeace-Communications-Geschäftsführer Richard Titchen prägte diese Formulierung und sprach damit das weltweite, teilweise informell funktionierende Informantensystem der Greenpeacer an. Unabhängig davon, ob man diese Einschätzung teilen will oder nicht, zeigt sich sehr deutlich, wie weit sich die Organisation von ihren Anfängen zu Beginn der siebziger Jahre entfernt hat. Nicht umsonst gibt es auch heute den Streit innerhalb der Organisation, inwieweit man sich den modernen Einflußmöglichkeiten öffnen sollte. Soll sich die Organisation künftig allein auf den Schutz der Natur konzentrieren? Oder soll man sich auch verstärkt in die Politik einmischen und Entscheidungsprozesse durch Fachkompetenz und Eigenbeteiligung mitbeeinflussen? Soll man die Kooperation mit den Entscheidungsträgern suchen oder besser die Konfrontation wagen, um Veränderungen in Gang zu setzen? In Zukunft werden sicherlich Kompromisse zwischen den Positionen gefunden werden, die immer auf den jeweiligen Einzelfall abgestimmt werden müssen. Dabei wird Greenpeace nach den Geschehnissen um Brent Spar eine besonders wichtige Rolle bei derartigen Umweltkonflikten zukommen. Spätestens mit dem Kampf in der Nordsee hat sich Greenpeace für alle wirtschaftspolitischen Entscheidungen in der Bundesrepublik zu einer möglichen Einflußgröße gemausert. Die Organisation ist damit nicht mehr länger ein unberechenbarer Störfaktor für viele Industriebetriebe, sondern eine reale Machtgröße, die in der Lage ist, selbst rechtskonforme Entscheidungen in der Bundesrepublik zu kippen.

Empfehlenswerte Literatur

Brown, Michael; May, John: Die Greenpeace Story. Berlin 1989
Eckardt, Nikolaus: Die Regenbogenkämpfer. Baden-Baden 1983
Griefahn, Monika (Hrsg.): Greenpeace. Wir kämpfen für eine Umwelt, in der wir leben können. Hamburg 1983
Knappe, Bernhard: Das Geheimnis von Greenpeace. Die andere Seite der Erfolgsstory. Wien 1993
May, John: Das Greenpeace-Handbuch des Atomzeitalters. Daten – Fakten – Katastrophen. München 1989
Reiss, Jochen: Greenpeace. Der Umwelmulti – Sein Apparat, seine Aktionen. Rheda-Wiedenbrück 1988
Streich, Jürgen: betrifft: Greenpeace. München 1986
Veit, Barbara; Wiebus, Hans Otto: Zeit des Zorns. Warum wir für Greenpeace kämpfen. München 1987
Watson, Paul: Ocean Warrior. Toronto 1994

Grafikverzeichnis

Bildnachweis

dpa: Seite 27, 29, 51, 61, 86, 117, 141, 143
Greenpeace: Seite 43 (Baker), 47 (Gleizes)